El portero

Sergio Fernández, el portero de TikTok

EL PORTERO

Planeta

La lectura abre horizontes, iguala oportunidades y construye una sociedad mejor. La propiedad intelectual es clave en la creación de contenidos culturales porque sostiene el ecosistema de quienes escriben y de nuestras librerías.
Al comprar este libro estarás contribuyendo a mantener dicho ecosistema vivo y en crecimiento.
En **Grupo Planeta** agradecemos que nos ayudes a apoyar así la autonomía creativa de autoras y autores para que puedan seguir desempeñando su labor.
Dirígete a CEDRO (Centro Español de Derechos Reprográficos) si necesitas fotocopiar o escanear algún fragmento de esta obra. Puedes contactar con CEDRO a través de la web www.conlicencia.com o por teléfono en el 91 702 19 70 / 93 272 04 47.

Av. Diagonal, 662-664, 08034 Barcelona
www.planetadelibros.com

Primera edición: junio de 2023
Depósito legal: B. 9.175-2023
ISBN: 978-84-08-27330-1
Preimpresión: J. A. Diseño Editorial, S. L.
Impresión: Egedsa
Printed in Spain – Impreso en España

Certificado PEFC
Este libro procede de bosques gestionados de forma sostenible y fuentes controladas
PEFC
PEFC/14-38-00305
www.pefc.es

El papel utilizado para la impresión de este libro está calificado como **papel ecológico** y procede de bosques gestionados de manera **sostenible**.

Índice

A todos los que me dan su apoyo en redes sociales
y me han hecho llegar hasta aquí.

1

Gajes del oficio

La noche que te parten la cara empieza igual que todas las demás noches.

Haces tu trabajo como siempre, de forma seria y profesional. Siento que es importante transmitir esa seriedad, pues es una parte de mi autoridad como portero. Aun así, intentamos relajarnos en la medida de lo posible. Sobre todo si la noche es tranquila, y aquella noche lo estaba siendo. En esas noches puedes hasta charlar un poco con los compañeros, contarles alguna batalla y matar el tiempo. En Velvet, la discoteca donde trabajo ahora y donde me he hecho famoso, todo el equipo lo pasamos bien. Como decía, hacemos lo que podemos por realizar el trabajo de la forma más seria, pero también lo más llevadera posible.

La noche se torció al final. La puerta se cierra a las cinco de la mañana y la discoteca a las seis, así que a las seis menos diez bajo a encender las luces. Es la señal de que la fiesta ha terminado. Todos lo sabemos. A esa hora ya no hay charla, bromas o batallitas. Lo único que tienes en la cabeza es cerrar, volver a casa, descansar un poco y mañana será otro día. Normalmente estamos dos arriba y dos abajo; pero a veces somos tres arriba y uno abajo, si no hay mucho lío. Si abajo necesitan algo, avisan al resto. Para el cierre me bajo yo.

Al bajar me encontré a una de las camareras, que me alzó la mano, alterada. Me acerqué y me dijo:

—Sergio, esos dos no dejan de meterse conmigo. Me están llamando de todo. Dicen que me van a esperar fuera.

Eran dos tíos normales y corrientes. No nos habían llamado la atención en la puerta. A veces pasa. Controlando la entrada minimizas daños, pero no eres infalible. En ocasiones, la gente que parece normal a las doce y media de la noche ya no lo es tanto a las cinco y pico de la mañana.

Cuando estás en una situación así, lo habitual es acercarte a hablar con ellos. Eso es lo primero siempre. Si puedes resolverlo así, mejor que mejor. Además, ya era tarde e íbamos a cerrar. Así que opté por acercarme y decirles que se fueran ya para casa, que era hora de dar las luces. La camarera vino conmigo y, como llevaban toda la noche detrás de ella, les dijo algo como: «¿Qué, ahora qué?». No es lo mejor para afrontar una situación así, pero es muy difícil estar una noche entera aguantando a dos tipos como esos: pueden ser babosos, pesados o algo peor. Ellos estaban sonriendo tranquilos. Esa tranquilidad da pistas. Esa calma es una señal.

Pero mi intención era terminar aquello con una conversación y un «Buenas noches». La sala estaba cerrando.

No me dieron oportunidad de hablar. No hubo lugar para la conversación porque, según llegué, me soltaron un directo a la barbilla. PAM. Y, acto seguido, uno de ellos se abalanzó sobre mi cintura intentando que perdiera el equilibrio. En el suelo es mucho más difícil defenderte. Indiscutiblemente, esos dos movimientos ya te demuestran todo lo que necesitas saber sobre la situación en la que te has metido. Al menos uno de ellos sabía pelear. Afortunadamente, pude reaccionar y le enganché del cuello con el brazo derecho antes de caer. Le tenía cogido y precisaba reducirle. La maniobra se llama *mataleón,* pero no me dio tiempo a realizarla, porque me desequilibraron. Ese tío (y su amigo también) sabía pelear, tenía nociones de MMA, artes marciales mixtas. Lo que me hizo es una llave que se utiliza para reducir a alguien. Esa es la segunda fase. Antes de lanzar ningún golpe, reducir, minimizar.

Ya en el suelo, el otro me dio dos patadas en la cabeza. Me cogió del brazo con el que agarraba al primero y tiró hacia sí con todas sus fuerzas. Ahí lo noté ya: me habían lesionado. Escuché el crujido, cómo se desgarraba el músculo. Noté el dolor, que se trasladaba como una descarga eléctrica por mi brazo. «Se ha complicado la noche», pensé. Nosotros no calentamos, porque no estamos haciendo deporte. Nuestro trabajo implica pasar de cero a cien en segundos, así que nuestros músculos están fríos. De ahí el desgarro. De ahí el dolor.

Mientras seguía agarrando al otro, el dolor aumentaba, pero aguanté con la llave porque tenía que conseguir que mi compañero se enterase de lo que estaba ocurriendo. Eso era lo único que pasaba por mi cabeza en ese momento: aguantar, resistir, conseguir que el compañero llegase, protegerme de los golpes y controlar la situación. El compañero finalmente llegó y, cuando lo hizo, el que estaba libre le agarró también.

Sabían lo que hacían los dos, pero al menos ya éramos uno contra uno. La situación se equilibró. Además, otros clientes nos ayudaron. Para sacarlos, tuvimos que subirlos por las escaleras, y eso no es lo más fácil del mundo con alguien que te está atacando. Lo bueno es que mantienes la posición elevada, pero aun así me llevé un codazo en la cabeza. Empecé a notar cómo la cara se me llenaba de sangre y tuve que tirar de mis años de experiencia para mantener la frialdad y no perder los nervios. Menos mal que la noche había empezado bien y todo estaba tranquilo...

En fin, conseguimos sacarlos del local, pero la siguieron liando: se encaraban con quien encontraban, rompían cosas, volcaban cubos de basura... Llamamos al encargado y a la policía. No eran tíos grandes, no tenían pinta de ser agresivos. A veces las apariencias engañan y no los ves venir. Al final la policía se los llevó detenidos, pero les costó su trabajo meterlos en el coche patrulla. Creo que estaban drogados, aunque no es fácil saberlo. El alcohol da problemas, pero la agresividad que genera es diferente, más torpe.

En infinidad de ocasiones me he encontrado con problemas, pero esta vez fue diferente. Les sacaba treinta y cinco kilos y una cabeza. Lo que quiero decir es que, por mucha experiencia que tengas, por mucho que sepas, por mucho que te hayas preparado, este trabajo nunca es cien por cien seguro. Siempre hay alguna cosa que puede salir mal.

¿Resultado de aquella noche? Cuatro centímetros de rotura muscular, dos desgarros en el bíceps de entre dos y tres centímetros. Por supuesto, parte de lesiones, hospital, pruebas pertinentes, denuncia... Y vete a saber cuándo saldrá el juicio.

Más tarde, cuando bajó la adrenalina, se me vinieron de golpe varias cosas a la cabeza. Iba a tener que dejar uno de los pilares de mi vida: el entrenamiento. Durante varios años estuve compitiendo, aunque ya no lo hago. Pero no por ello dejé nunca de entrenar. Para mí es como tomar café: me centra, me orienta, me hace sentir bien. Me daba mucha rabia esa situación. Con una lesión así, era imposible ejercitar ningún grupo muscular que no fuera la pierna.

También me sentía inquieto por el juicio. Esperaba que fuera favorable. Todo apuntaba a que lo iba a ser, pero, quién sabe, de pronto te ves siendo tú el que paga. Nunca lo sabes seguro. Confías, pero no lo sabes.

Lo siguiente que me vino a la cabeza fue mi familia. Sabía que debía volver a casa con el pecho y el brazo hinchados y doloridos y contárselo a mi pareja. Ella se asustaría. Después se lo tendría que contar a mis hijos y a mis padres, y ellos también se asustarían. Aunque para ti sea una noche más («son gajes del oficio», «cosas que pasan»), para ellos es distinto. En estas conversaciones no puedo evitar sentir una mezcla de orgullo cabezota y vergüenza. No quiero hablar de ello, pero me obligo a hacerlo e intento convencerlos de que no es nada, aunque tenga que llevar el brazo en cabestrillo un mes. Ellos tardan en tranquilizarse. Se multiplican los «Ten cuidado» y la sensación de que cuando me voy se quedan nerviosos.

Hay días en los que disfruto de mi trabajo; otros días, no me gusta nada. Aquella noche estaba tremendamente cansado. Eran las seis de la mañana y tenía el brazo lesionado. Y me podría haber pasado algo mucho peor. Solo quería llegar a casa y descansar. Descansar, descansar y descansar.

La gente me mira y no sabe lo que ha sucedido. Proyectan sobre mí ideas de lo que creen que habrá pasado. Piensan en algo violento, que soy alguien agresivo, que pierdo el control... No sabéis la cantidad de barbaridades que he escuchado sobre los porteros. Yo nunca he querido ser portero. Pero, cuando he intentado dejarlo y probar otras cosas, no me ha quedado más remedio que volver.

Nadie sabe realmente cómo es mi profesión. No hay glamur, hay dureza. No es un trabajo ni bien pagado ni reconocido. La diferencia ahora es que lo cuento. Puedo explicarlo y ayudar a que no pasen determinadas cosas. Hace unos meses que tengo mi cuenta de TikTok, donde subo mis vídeos y cuento todo esto. La gente me ve, me sigue, me escucha... Hay gente acostumbrada a que la sigan y la escuchen allá donde va, pero desde luego no es mi caso. Me siguen millones de personas. Puedo hacer algo bueno con todas las cosas malas que me han pasado. Por eso hago vídeos sobre lo que pasa esas noches. Enseño el parte de lesiones, hablo de la gente que no sale a divertirse, la que sale a otra cosa, la que te la lía.

Yo soy una persona que se toma las cosas en serio. Es lo único que tengo. Si no te puedes tomar lo que haces en serio, es mejor que no lo hagas. De verdad, déjalo. Tampoco soy de quejarme, sino de enseñar las cosas como son, como yo las vivo. Intento que los que me siguen aprendan. Quiero que piensen en lo que puede pasar cuando están de fiesta tranquilamente.

Este libro está escrito pensando en esa gente que me sigue y también en la que aún no me conoce. La que quiere saber qué hay detrás de todos los vídeos y cómo he llegado hasta ahí. Quiero ser muy sincero. Cuando me dicen que quieren ser como yo, normalmente les contesto que tienen que conocer la historia completa: lo bueno y lo malo.

Muchos de los que me siguen son chavales jóvenes, y eso me motiva. La gente mayor igual es más cínica, pero cuando eres joven estás buscando algo todo el rato, quieres aprender. Yo quiero aportarles algo, que tengan referentes que les ayuden. Con los vídeos puedo explicarme.

Como he dicho, el trabajo de portero es muy feo. Sé que hay muchos trabajos duros; yo he trabajado de muchas cosas a lo largo de mi vida. De todas esas cosas quiero hablar. Quiero que sepáis lo que es llegar a casa después de una noche en la que te han estado insultando porque le has dicho a uno que no podía entrar en la discoteca. Quiero hablar de lo que supone estar en un trabajo donde hay esa responsabilidad. Porque, si te equivocas, puedes provocar un problema gordo para ti o —peor— para la gente que está en el local divirtiéndose. Pero todo el mundo piensa que tomas las decisiones un poco porque sí, para joderles. Y te lo hacen saber.

Esa noche no fue solo la noche en la que me pasó algo chungo, la noche que me lesionaron o la noche que tuvo que venir la policía. Es también la noche en la que luego pude explicar con un vídeo lo que había pasado. Gracias a eso, mucha gente entendió la situación. Ahora que la gente ve mis vídeos, muchos se me acercan y me saludan. Me respetan de otra forma, a través del cariño, porque me van conociendo.

Por eso he escrito este libro, para explicarme, para que me conozcan.

Lo lógico, por tanto, es empezar por el principio.

Me llamo Sergio, soy portero de discoteca y grabo vídeos para TikTok. Tengo más de un millón de seguidores que disfrutan y aprenden con mis historias, pero no siempre ha sido así. Mi vida ha dado muchas vueltas... y empieza con un balón en los pies.

2

Con un balón en los pies

Un balón golpea una pared y vuelve. Golpea una pared y vuelve. Es de noche. El balón entra y sale del haz de luz de una farola enorme. Golpea la pared y vuelve. Viene a mis pies y yo lo devuelvo de una patada. Controlo, miro, disparo. El balón golpea la pared y vuelve. Son las nueve de la noche y mi familia está esperando a que mi hermana salga de entrenar. Yo juego al fútbol conmigo mismo. A veces también se apunta mi hermano. Siempre estoy con un balón entre los pies.

Nací en Toledo. Soy el segundo de cuatro hermanos: dos chicos y dos chicas. Mi padre ha trabajado toda su vida, desde niño. Empezó cuidando ovejas en el monte. Nunca ha dejado de trabajar. Durante muchos años fue albañil, pero luego le salió trabajo en una portería. Por ese puesto nos vinimos a Madrid la familia entera. Mi madre limpiaba y mi padre llevaba la portería. Mi madre estuvo veinte años limpiando en Giorgio Armani. La portería estaba en la calle María de Molina y en esa zona pasé una buena parte de mi vida y mi infancia.

Fue una infancia buena, feliz, tranquila. Íbamos al Eijo y Garay, un colegio cercano, y, excepto inglés o matemáticas, que me daban un poco de pereza, iba aprobando todas las asignaturas. El colegio para mí era una rutina aburrida. Lo que me gustaba era estar con el balón y en la calle. Siempre jugando: fútbol, fútbol, fútbol. Era lo único en lo que pensaba. A pesar de que no se me daban mal los estudios, repetí octavo por amistad, inglés y matemáticas: inglés y matemáticas, porque, como ya os he dicho, se me daban peor y me aburrían; amistad, porque mi mejor amigo iba a repetir y a mí me dejaron elegir entre pasar al siguiente curso con esas dos asignaturas pendientes o repetir. Elegí repetir para estar con él. Nos habíamos conocido el primer día de clase. Los dos estábamos llorando. No queríamos estar allí. ¿Quién quiere ir al colegio el primer día? Nadie.

Supongo que eso dice algo también sobre mi forma de entender la amistad. Con los amigos hay que estar siempre. Si alguien falla en eso, es que no es amigo. A lo largo de mi vida he vivido los dos casos y he aprendido mucho de ellos: los amigos que están siempre ahí, que nunca te dejan tirado y por los que lo darías todo, pero también gente que en los momentos clave desaparece, que de pronto hace como que no te conoce. La amistad es una de las cosas más importantes que tenemos.

De tanto jugar y jugar al fútbol fui haciendo una especie de proyecto de algo más serio. Jugué en el Tajamar, filial del Rayo Vallecano, e hice las pruebas para el Real Madrid.

El Real Madrid era mi club, mi equipo favorito. Lo sigue siendo, aunque ahora lo viva con menos pasión, porque ya tengo una edad y porque la vida te lleva por otros lados, pero de niño era un forofo absoluto. Gracias al trabajo de mi padre, conseguimos unos pases para ir al campo. En el edificio donde estaba la portería vivía el jefe de los fisioterapeutas del Real Madrid, que tenía, claro, abonos del club. Tenía cuatro, pero a sus hijos no les gustaba el fútbol —quién sabe por qué— y se los pasaba a mi padre. Entre los diez y los doce años fui al campo todos los fines de semana de partido. Al principio venía mi hermano conmigo, pero aquello duró poco tiempo. De esa forma, yo tenía un bono que rifaba entre mis amigos, aunque la verdad es que generalmente iba con Julio, mi amigo de toda la vida, aquel con el que repetí octavo. Después, algo más mayor, empecé a ir solo. No había nada que me gustara más.

Intentar entrar en el club era un sueño, sí, pero estaba decidido a conseguirlo. Lo intenté una vez y no pasé. Pero la vez siguiente, con la ilusión intacta y sabiendo que la oportunidad estaba a mi alcance, lo logré. Oye, a la segunda no está nada mal. Sin embargo, no era la prueba final y definitiva. No te llevaba al filial directamente, sino que tenías que ir superando fases.

Los resultados de las pruebas los publicaban en unos tablones en el estadio Santiago Bernabéu. Ahí estaba la lista de la vida y de la muerte. Si estabas, habías pasado a la siguiente fase, si no…, pues hasta la próxima. Muertos de los nervios y la emoción, íbamos al estadio y mirábamos a ver si estábamos. El mecanismo para aparecer en la lista era sencillo: los que destacaban en una fase pasaban a la siguiente. Cuando me tocó jugar en la primera fase, conseguí marcar un gol. Supongo que eso fue lo que me distinguió del resto, porque, cuando fui a ver los resultados en aquel tablón, ahí estaba mi nombre.

Mi nombre en la lista de la vida y la muerte. No sé cómo describir la ilusión que sentí en ese momento. Supongo que todos la hemos sentido por una cosa o por otra, especialmente cuando éramos pequeños. Sentí que me llenaba de aire y flotaba. No podía dejar de sonreír. El mundo se abría ante mí como un regalo. Lo había conseguido. Había pasado a la siguiente fase. Sin embargo, las cosas no iban a salir tan bien como yo esperaba en ese momento. El futuro tenía otros planes para mí.

Ya os he contado que estaba todo el día con un balón en los pies. Además, jugaba al fútbol sala en un equipo. Y como juegas mucho, te lesionas mucho. En esa época tuve varias lesiones de ligamentos. Nada serio, pero, bueno, son lesiones. El caso es que, entre la primera prueba del Real Madrid (que es en la que conseguí pasar) y la segunda, estaba jugando al fútbol sala y me partí un tobillo. El dolor de la rotura no era nada comparado con el de ver cómo mi carrera deportiva en el Real Madrid me decía adiós antes de empezar. ¡Dios, lo que lloré esos días! ¡Qué rabia sentía! Había conseguido pasar la prueba y ahora tenía que estar con una escayola, sin poder moverme apenas.

Cuando me pasó lo de la pierna, me dije que no pasaba nada, que podría intentarlo de nuevo. Pero no lo hice. Quizás me desilusioné. Es algo que me ha acompañado toda la vida: he pasado por momentos de mucho entusiasmo seguidos de otros en los que, de pronto, perdía el interés. O tal vez es que me podía la curiosidad por probar otra cosa, una nueva aventura.

Mi vida era normal, supongo que como la de todos los chicos en ese momento. Salía del colegio, iba corriendo a casa, comía y me largaba a la calle. El objetivo era estar en casa lo menos posible. Fuera, toda la ciudad era para ti, todo era un juego o una aventura. Jugábamos al fútbol en una iglesia cerca de Príncipe de Vergara. Ahí nos juntábamos los amigos y echábamos la tarde, balón arriba, balón abajo. Éramos un grupo sanote. Yo no probé el alcohol hasta los dieciocho años. Hacíamos gamberradas inocentes: tirar petardos, llamar a los portales y salir corriendo... Las típicas cosas que convierten el barrio en un territorio de exploración y juegos. Pero nos gustaba sobre todo el deporte.

Con ocho años empecé a ir a clases extraescolares de taekwondo. Aquello me encantaba. No me gustaba la competición con los demás, sino conmigo mismo. Lo que yo quería no era competir; era progresar. Demostrarme que iba siendo cada vez mejor, concentrarme en el perfeccionamiento. Siempre he sido así.

El deporte y el ejercicio físico siempre han sido un reto para mí y para mi propia disciplina. No necesitaba ganar a nadie ni ser el mejor. Aunque luego haya competido, en realidad la competición tenía que ver con superar mis propios límites, con mi propio cuerpo y mi propia cabeza. En ese momento solo quería subir de cinturón. De blanco a blanco-amarillo y ahí sin parar hasta verde-marrón. Además, me encantaban las patadas. Era la otra cosa que me gustaba hacer con los pies: darle al balón y dar patadas. Se necesita control, técnica y fuerza. Me obsesioné con eso como solo te obsesionas cuando eres pequeño.

Mi habitación era mi pequeño refugio, supongo que como muchas habitaciones en ese momento. Estaba llena de pósteres de futbolistas, de Rocky... Rocky y Arnold Schwarzenegger eran mis ídolos, claro. Más que Van Damme, diría yo. Que también me gustaba, pero no era Silvester Stallone subiendo las escaleras entrenando y gritando mientras busca a su novia al final de la película y peleando con Apolo Creed. Tampoco era Conan o Terminator, que eran películas que me flipaban.

La música me gustaba, pero no era el centro de mi vida. Primero empecé a escuchar a Michael Jackson, a Madonna, a los Rolling Stones... Era algo que estaba allí, que me gustaba, pero no llegaba a constituir una afición a la que dedicara muchísima atención. Luego, ya más mayor, me empezó a gustar la música disco un poco más. Pero, entonces, ya os digo, lo que más me apasionaba era dar patadas, tener un balón en los pies, jugar y entrenarme.

El balón golpea la pared y vuelve. Mi padre me llama. El juego se detiene. Mi hermana está saliendo de entrenar. Mi hermana Silvia, la mediana, es deportista de élite, de la selección nacional. Con ocho o nueve años dejó de vivir con nosotros porque se concentró con la Selección Española de Gimnasia Deportiva.

La «fichó», por así decirlo, su profesora de gimnasia, que había sido también deportista profesional y enseguida le vio el potencial. Era muy pequeña y mi familia lo vivió como algo extraño. Por un lado, te hace ilusión, pero por otro es un desgarro grande. Tu hermana desaparece de tu vida, ya no la ves más que algunos domingos. Pero ella estaba feliz, ilusionada. Imagina si en ese momento me dice a mí el Real Madrid que para jugar tenía que salir de mi casa toda la semana. Les habría dicho lo mismo y supongo que por eso mis padres decidieron que, aunque les daba mucha pena, era una buena decisión. La profesora propuso que la viera Jesús Carballo, el seleccionador de entonces, y la pillaron. Al principio iba a entrenar al Moscardó y a los dos años o así la concentraron. La cambiaron de colegio. Como vivíamos cerca del gimnasio, nos acercábamos al final del entrenamiento toda la familia para verla un momento. La veíamos en los huecos. Y ahí estaba yo… De nuevo, el balón y la pared. Los tiempos muertos no existían. Siempre había un balón, siempre un juego. Me acuerdo que jugaba con los hijos del seleccionador. Jugábamos juntos mientras terminaban los entrenamientos y luego veíamos a mi hermana un momentito. Lo recuerdo como algo entrañable, aunque, claro, también al verla menos, perdimos un poco la confianza que teníamos.

Yo estaba muy unido a mi hermana María Luisa, la pequeña. Pasaba mucho tiempo con ella. Creo que es porque de siempre me han gustado mucho los niños. Ya de pequeño los quería mucho, me gustaba criarlos. Ahora tengo cuatro hijos que son lo más importante de mi vida, pero ese cariño por cuidar a los pequeños lo he tenido desde siempre. A mi hermana, en parte la criaba y en parte le hacía fechorías de hermano mayor en los juegos y en los ratos libres.

Con mi hermano Ángel (mi padre se llama Ángel y mi hermano, al ser el mayor, también) he tenido mucha relación toda mi vida. Los dos hemos trabajado mucho en la noche. Éramos hermanos, claro, pero también compañeros de trabajo, y eso une mucho.

Supongo que mi vida iba por unos raíles más o menos establecidos, muy parecidos a los del resto de los chavales, hasta que entré en el instituto. Ahí las cosas giraron y cambiaron para siempre. El instituto me dejó de gustar casi desde que entré, así que lo abandoné enseguida. Es una de las peores decisiones que he tomado en mi vida, pero no soportaba aquello. Me aburría, no le veía sentido y no quería estar allí. No me interesaba seguir con mis estudios, sino ponerme a trabajar y hacer cosas. Ya con quince años o así me puse a repartir folletos de una tienda de segunda mano que estaba en la calle Montera. Luego, hice lo mismo para un estudio de tatuajes. No lo hacía por el dinero, sino por echar una mano a mis colegas y porque me sentía útil y me gustaba. Era lo contrario de lo que sentía en el instituto, en el que estaba como aparcado sin que nada tuviera interés para mí. Soy consciente de que me tendría que haber quedado estudiando. Fue una mala decisión, supongo que fruto de los nervios, de la prisa por comerme la vida. Quería que empezara ya lo bueno, probarme a mí mismo y también llevar dinero a casa, que nunca fuimos sobrados. Pero haberlo dejado tan pronto me ha cerrado puertas y me ha hecho la vida más difícil, cuando no tendría por qué haber sido así. Con todo lo frustrante que era estar en clase, luego ha sido mucho más frustrante perder algunas oportunidades que podría haber tenido de haberme quedado, porque además no era mal estudiante. En cualquier caso, es la decisión que tomé y me mantuve firme. Con dieciséis años dejé los estudios y entré en el mundo laboral.

3

El primer trabajo

Mis padres no querían que dejara de estudiar. Mi padre llevaba toda la vida trabajando para que nosotros no tuviéramos que esforzarnos tanto como él y quería que yo continuara mis estudios. Mis padres siempre habían procurado que mis hermanos y yo tuviéramos todo lo que ellos no habían tenido. Supongo que esto mismo pasa en todas las casas en las que los padres han tenido que trabajar mucho y desde muy pronto. Todo el mundo quiere que sus hijos progresen y que tengan una vida mejor que la suya. En ese momento, para mis padres, eso pasaba por estudiar. Siempre estaban dispuestos a ayudarnos en eso. Nos apuntaban a clases extraescolares, a talleres, a mecanografía... Nos daban todo lo que mis hermanos y yo les pedíamos o necesitábamos. Hacían muchos esfuerzos por nosotros. Por eso mi salida del instituto fue un duro golpe para ellos. Pero, para mí, entrar en el mundo laboral era también una forma de ayudar a mis padres haciendo algo de lo que yo también me sentía orgulloso.

No fui el único que dejó los estudios. La vida estudiantil de nuestra familia no fue la que mis padres esperaban, pero afortunadamente todos hemos caído de pie y hemos sacado adelante nuestra vida. Mi hermana se sacó la ESO una vez que terminó la gimnasia. Mi hermano mayor se fue a hacer una FP de Electrónica. Mi otra hermana es auxiliar de clínica veterinaria.

No sé qué efecto tuvo, por ejemplo, ver que mi hermano se iba a hacer una FP en mis ganas de empezar ya con mi vida laboral. ¿Por qué esperar? Al fin y al cabo, se trataba de estudiar para luego tener un buen trabajo. ¿Por qué no empezar con la segunda parte cuanto antes? Quería esa independencia que te da el trabajo, esa entrada en la vida adulta. Luego descubrí que tener un trabajo no es siempre «tener el trabajo que quieres». Muchas veces es otra cosa. Se trata más bien de jugar con las posibilidades que tienes, si es que tienes alguna. No eres más libre buscando trabajo, pero, seamos sinceros, ir a la universidad tampoco te garantiza nada. Nada te garantiza nada. Eso lo tengo claro.

Yo he tenido muchos trabajos; en muchos de ellos he estado a disgusto y otros los he cogido porque no tenía otro remedio. He ido y venido del mundo de la noche dependiendo sobre todo de mis posibilidades. En algunos de esos trabajos me pasó lo que me pasa ahora con la cuenta de Tik-

Tok, que era un poco dueño de mi tiempo y de mi vida; en otros, sin embargo, he estado a merced de decisiones de auténticos inútiles o sometido a una presión que no me merecía y pasándolo mal.

Creo que dejé el colegio buscando una forma de ser más yo, de dominar mi propia vida. Supongo que lo vivía como el deporte y el entrenamiento. Una superación que no era para nadie más que para mí mismo. Pasar de cinturón, como en el taekwondo, pero en la vida.

El problema, ya lo he dicho antes, es que a veces hay que saber ver más allá de lo inmediato. A veces aguantar unos años estudiando te abre el futuro de una forma que te evita estar pensando siempre en los siguientes cinco minutos. Un ejemplo en el que he pensado alguna que otra vez: en ocasiones he valorado presentarme a las pruebas para policía nacional. Era algo para lo que creía (y creo) que podría haber sido bueno, pero no puedes hacerlo sin haber terminado el bachillerato. Tenías que haber llegado hasta el COU de mi época. Sin eso, imposible. Da igual lo bueno que seas, lo que te prepares. Hay barreras que no se saltan solo por desearlo mucho. No puedes hacer nada. Bueno, sí: puedes quedarte estudiando. Es algo que siento, pero también soy consciente de que las decisiones que he tomado en mi vida, las que he podido tomar yo al cien por cien, son las que me han ido llevando hasta el lugar donde estoy. Creo que eso es bueno. Al menos, yo lo valoro mucho.

Como mis padres no querían que yo dejara el colegio, pero tampoco podían evitarlo, mi padre me dijo que entonces me quería trabajando ya. Un *ya* que os podéis imaginar cómo sonaba. Un *ya* en mayúsculas. Ya de YA. Al día siguiente, a las siete de la mañana, me quería en pie buscando trabajo. No podía soportar la idea de que yo dejara el instituto para estar en casa sin hacer nada, mano sobre mano. Era también una especie de prueba, para medir mi compromiso, pero yo iba muy en serio y por supuesto que al día siguiente estaba en pie y preparado. No tenía ninguna intención de quedarme en casa haciendo el vago. Quería trabajar de verdad. De hecho, mi padre también quería ayudarme. Mi primer trabajo «real» me lo consiguió él. ¿Por qué distingo entre *trabajo* y *trabajo real*? Porque en el primero que tuve no se puede considerar que trabajara exactamente.

Mi primer trabajo duró mucho menos que el instituto. Trabajé una mañana en el Maxcoop. Y eso es todo. Ni siquiera terminé mi jornada. El Maxcoop era un supermercado en el que te hacían ponerte un chaleco rojo por encima de la camisa. Supongo que tenía sentido para distinguir entre empleados y clientes y llevar una ropa cómoda que te permitiera (por debajo) vestir más o menos a tu gusto. Pero aquello, a mis dieciséis años, me daba vergüenza. No me gustaba y no entendía por qué tenía que llevar eso. Me sentía como disfrazado de una manera absurda y era algo que me martilleaba la cabeza sin parar. Fui a hablar con el responsable:

—Oye, ¿el chaleco es obligatorio?

—Sí.

—¿Pero obligatorio?

—Que sí.

Que sí. Pues nada, me piro. La vergüenza y la sensación de ridículo son como un picor. Siguen ahí si no te rascas (a veces siguen ahí aunque te rasques). No podía dejar de pensar en aquello. Cuando sientes vergüenza, te miras desde fuera como crees que te está mirando todo el mundo, aunque en realidad no sea así. Pero eso da igual, es cómo te sientes y, si no haces nada al respecto, es algo que no para. Una cosa que siempre me ha gustado de ser portero es precisamente esa necesidad de seriedad del trabajo, esa autoridad que da tomarse las cosas en serio y estar firme y tranquilo. Eso no se consigue con un chaleco ni pensando todo el rato que estás haciendo el ridículo. ¿Conclusión? Antes de que acabara la primera jornada, cogí y me fui. «Yo paso», me dije a mí mismo.

No le dije a mi padre que había dejado el trabajo del Maxcoop por el chaleco. Me inventé algo, pero no recuerdo exactamente qué. Yo estaba buscando otra cosa y tenía que demostrar de la forma más clara y contundente posible que mi intención era no volver a estudiar. Eso se había acabado. Así que no le dije lo del chaleco un poco con la idea de salir del paso, pero con determinación por encontrar algo pronto.

Con mis hijos es distinto. Las generaciones también van cambiando. Yo tengo cuatro hijos. Dos son de mi primer matrimonio y los otros dos de mi pareja actual. Los dos primeros son mayores; los otros son demasiado pequeños aún. Mi hijo mayor, que tiene veinte años ya, está trabajando en una empresa vinculada a internet, de *marketing* digital. Siempre ha tenido un don para eso y, por otro lado, qué voy a decir yo sobre eso, si las redes sociales me han cambiado la vida. Mi hijo fue el primero que me propuso lo de TikTok. Es intuitivo y su mundo es ese. Es una generación que va por delante de nosotros. Soy yo el que aprende de mi hijo. No quiero decir que lo aprenda todo ni que yo no le enseñe nada. Es al revés. Son los padres los que educan a sus hijos, les enseñan valores y les ponen en el mundo, pero hay cosas que mi hijo sabe y que yo tengo que aprender, porque el mundo de mi hijo, el de las redes sociales e internet, es el mundo ahora. O al menos una parte importante de él. El mundo cambia y la gente joven también está más preparada para enfrentarse a esos cambios.

A mi otra hija le gusta la música. Va a clases de piano y se le da muy bien. Si prefiere eso a las matemáticas, yo no le voy a decir nada. Voy a apoyarla. Tienes que confiar en tus hijos y entender sus decisiones. A ver, hay una cosa que comparto totalmente con mi padre. Tendrán mi apoyo siempre que hablemos de hacer algo concreto y productivo, para labrarse un camino en la vida, para probar cosas. Pero estar sin hacer nada..., eso no lo voy a apoyar nunca. En eso, pues, no soy tan diferente a como lo veían mis padres, pero, en otras cosas, es cierto que son generaciones distintas.

Pero volvamos a mi empleo. Mi primer empleo real. No la experiencia de menos de doce horas del Maxcoop. Me lo encontró mi padre, que supongo también quería comprobar cómo de en serio iba yo y, al fin y al cabo, con o sin mentira de por medio, había durado muy poquito en mi primer trabajo. Así que él mismo me buscó algo.

Mi padre compraba de manera habitual en una droguería y le preguntó al encargado. El tipo se portó muy bien y rápidamente se puso en contacto con un Eurodroguer Bodybell. Una cadena de tiendas de perfumes, cosméticos, etcétera. Las tiendas a las que se conoce como Bodybell. Me pillaron ahí y entré a trabajar en una que estaba al lado del paseo de la Castellana, a la altura de la plaza de Castilla. Recuerdo mi primer trabajo como uno de los mejores que he tenido en la vida. No solo porque fuera el primero, sino porque se me daba bien y me trataron bien. Me entendía estupendamente con el dueño de la tienda y me gustaba lo que hacía. Además, y esto es algo que se ha repetido en todos mis trabajos posteriores, aprendía rápido. Era bueno.

Trabajaba en la tienda y también llevaba productos a otras tiendas y a clientes, con lo cual estaba todo el día moviéndome de un sitio para otro. Con dieciséis años tienes mucha energía que quemar. Yo más que nadie. Y siempre se me ha dado bien lo de estar atento, ser un punto servicial, pero desde una posición de un cierto cuidado y una cierta elegancia. Me gusta ese trato, esa especie de respeto mutuo que se establece entre quien compra y quien vende. Una relación que se basa en que la persona que va a una tienda tiene una necesidad y una confianza, o al menos un deseo, de que la orienten. Ese tono de respeto mutuo me parecía muy importante —y años después lo eché mucho de menos cuando trabajé en una gasolinera—, pero entonces fui descubriendo esas muestras de respeto y me resultaban muy satisfactorias. El respeto mutuo también me da confianza.

En total estuve allí dos años y medio. Dos años y medio de aprendizaje, que se acabaron cuando empecé a pensar que aquello se me estaba quedando pequeño y no progresaba. En realidad, lo que pasó es que empecé a ser sustituto de encargado. Por un lado, era una buena noticia: significaba que yo tenía más responsabilidades y confiaban en mí. Pero, por otro lado, no me dejaban ser encargado a mí. Solo podía serlo cuando algún otro encargado de otra tienda se ponía malo o no podía ir a trabajar por algún motivo. Era una situación rara, porque cuando yo estaba allí haciendo de encargado suplente, las cosas salían; yo sacaba adelante la tienda con normalidad. Estaba preparado para ser encargado, porque sabía lo que hacía y tenía experiencia. Pero cuando se trataba de pasar de una sustitución a algo más fijo, aquello nunca ocurría. Eso tenía también repercusión en el sueldo. Mi sueldo no era el de encargado, claro, pero cuando hacía funciones de encargado, no me pagaban la diferencia. Me pagaban lo que correspondía a mi puesto habitual, en el que me parecía que me iba a quedar para toda la vida. Eso me fue generando una sensación de estancamiento, de no progresar, y una especie de desconfianza que hacía que me desanimara y me empezara a nacer ese deseo, que se ha repetido tantas veces en mi vida, de querer salir a otro lugar, escapar a otra parte, buscar otra cosa.

No tengo problema en quedarme en un único sitio, ya os he contado que allí llevaba dos años y medio (casi el tramo que habría supuesto el instituto), pero necesito tener la sensación de que voy a alguna parte, que estoy progresando. Eso no pasaba allí y así era difícil que me motivara. Con dieciocho años, mucho más.

Pero estoy corriendo antes de andar, como me pasaba entonces, porque en ese trabajo viví momentos muy buenos, pero también una de las experiencias más horribles y duras de mi vida. Uno de mis primeros contactos con la violencia y casi una entrada al mundo laboral, porque sucedió apenas dos semanas después de haber empezado en el trabajo: me atracaron.

Después de ese atraco, nada volvió a ser lo mismo.

4

El atraco

Una mancha de sangre seca en una acera de la Castellana. La sangre está seca, pero nadie la ha limpiado a pesar de que han pasado ya varios días desde el incidente. La sangre es mía y sigue ahí, secándose, como un recuerdo o un aviso en medio de la calle. Una silueta de uno mismo que te recuerda que lo has pasado muy mal y te devuelve el miedo del momento.

Hay violencia que te esperas. Hay noches, en la puerta de una discoteca, en las que sabes que tarde o temprano va a pasar algo. Lo notas en el ambiente. Y si no, sabes que, por el tipo de trabajo del que se trata, tarde o temprano habrá un lío. El lío, la necesidad de acabar con una pelea, de sacar a alguien que la está montando o de lidiar con alguien a quien le has dicho que no puede entrar, pero quiere entrar, es inevitable. Ese es tu trabajo. Te preparas mental y físicamente para ello y te acostumbras. El cuerpo y la cabeza se te hacen a eso y aprendes.

La primera vez que me atracaron en mi vida yo no tenía ninguna preparación ni física ni mental. Al contrario. Fue una violencia inesperada, que me metió un miedo horrible en el cuerpo. Sucedió durante la segunda semana de trabajo. Eran las ocho y cuarto de la tarde y yo estaba volviendo a la tienda después de despachar un pedido. Crucé la Castellana de vuelta, los seis carriles, y me pillaron en la vía de servicio de la izquierda. Eran cuatro. Tres chicos y una chica. Me rodearon y me dijeron que les diera todo lo que llevaba. Mi primera reacción, por puro instinto, fue escapar. Me di la vuelta e intenté correr. En el momento anterior a salir no había ningún coche cerca, pero, cuando me di la vuelta, sí venía uno, así que me tropecé para esquivarlo y entonces se me echaron encima. Quizás al ver que intentaba escapar pensaron que llevaba algo de valor y por eso salía corriendo. Nada de eso. Ya os he dicho que volvía de hacer un pedido y no llevaba más que calderilla. El instinto de correr me vino por pura supervivencia.

Caí al suelo y me rodearon. Me dieron cuarenta y siete golpes en la cabeza. No fue lo más grave. Me llovieron las patadas, y eso tampoco fue lo más grave. Lo más grave es que me golpearon con el puño de una navaja en la cabeza hasta que perdí el conocimiento. Fue una pérdida momentánea. Muy poco tiempo. Cuando recuperé la conciencia de nuevo, notaba el sabor de la sangre en la boca, me estaba manando desde la cabeza. Pero no paraban. Los golpes seguían cayendo y yo no podía salir de ahí. Intenté levantarme, pero era imposible, así que me puse a cuatro patas y asumí que lo que me tocaba era aguantar hasta que alguien parara aquello o esos cuatro se cansaran y se marcharan. Os recuerdo que eran las ocho y poco de la tarde en la vía de servicio de una calle enorme de Madrid con nada menos que seis carriles para la circulación y unas aceras enormes. Estaba llena de gente. Nadie hizo nada. Nadie se movió hasta que se marcharon. La gente debió de hacer como que ahí no estaba pasando nada. Sé que es difícil imaginarlo ahora, porque mi cara y mi físico son conocidos, pero con dieciséis años yo no era así. Era un chaval normal. Deportista, sí. En buena forma, claro. Pero era un chaval de dieciséis años sin entrenamiento que estaba recibiendo una paliza y sangrando en la calle. Eso es lo que estaba pasando y nadie hizo nada hasta que aquellos cuatro se marcharon de allí corriendo.

No sé cuánto tiempo estuve a cuatro patas recibiendo los golpes. Supongo que no fue muchísimo, pero a mí se me hizo eterno. Cada golpe. Cada patada. La sensación de la sangre manchando mi cara y mi ropa. El miedo. Todo iba a cámara lenta. Por fin, después de que se marcharan, una mujer vino a socorrerme y de ahí conseguimos llamar a una ambulancia. Pero en la ambulancia el miedo no fue a menos, precisamente.

Lo que recuerdo como si me hubiera pasado ayer es la expresión «Varón, dieciséis años, con hundimiento craneoencefálico». Entre el dolor, el mareo, la sangre y los momentos en los que perdía la consciencia, esa expresión se me atravesó y sigue conmigo más de veinte años después: *hundimiento craneoencefálico.* Me entró un miedo terrible. ¿Qué quería decir aquello? ¿Me habían hundido la cabeza? ¿Hasta dónde? El miedo siempre es así; es como meterte en un agujero donde todo es posible. Me pusieron cuatro grapas en la cabeza y, tras comprobar que estaba bien, me mandaron para casa.

Mi casa. Ahora es inconcebible pensarlo, pero es que en ese momento no había teléfonos móviles. Yo me había ido a trabajar, en mi trabajo me habían mandado a hacer un pedido un poco antes de la hora de cierre y yo no había vuelto por allí. Solo llevaba dos semanas en el trabajo, con lo que el jefe pensó que igual al terminar yo me había ido directamente a casa, sin pasar por la tienda. Por inexperiencia o porque yo pensara que así iba la cosa, que no hacía falta volver. Lo que quiero decir es que ellos no pensaron nada malo, pero sí que estaban inquietos, así que llamaron a mi casa, donde no sabían nada de mí. Tardé más de dos horas desde ese momento en aparecer. Para entonces, el enfado y la confusión ya habían dado paso a una preocupación enorme. ¿Y cómo aparecí? Con grapas en la cabeza, forrado de golpes y con la ropa llena de sangre. Estaba toda mi familia en el salón, todos muy preocupados. Además de mis padres y de mis hermanos estaba mi abuela. Al verme se quedaron en *shock.* Y mucho más en *shock* cuando les conté lo que había ocurrido. La tensión se liberó llorando y con enfado. Íbamos y veníamos entre esos dos sentimientos: por un lado, llanto y alivio, y por otro, enfado y furia por lo que me habían hecho. Por supuesto, pusimos denuncia, pero no sirvió para mucho. Jamás los pillaron.

Llamé al encargado y le expliqué lo que había sucedido. Se preocupó también mucho por mí. Pude decirle con un punto de orgullo que no me habían quitado nada de lo poquísimo que llevaba. El pedido ya estaba pagado, así que llevaba lo poco que me daban de propina, pero ni siquiera se llevaron eso. Estuve un par de días de baja y enseguida me reincorporé al trabajo. A mi vuelta, me trataron muy bien y fueron muy cuidadosos conmigo. Sin embargo, algo se quedó ahí de lo sucedido. Durante un tiempo sentía inquietud por si me habían seguido o por si me estaban esperando. Pero no, fue un encuentro totalmente fortuito que no se volvió a producir. Solo me encontré días después con mi propia sangre en la acera. Solo me encontré con mi propio miedo.

Mi respuesta a ese miedo fueron las artes marciales. Yo ya estaba apuntado al gimnasio, pero empecé a tomármelo en serio de verdad. Tenía un colega que daba clases de *muay thai* y empezó a darme clases particulares. Quedábamos en nuestras casas. A veces en la mía y a veces en la suya. Con eso me ahorraba el gimnasio y aprendía algo que me ayudaba. Yo no quería pelearme con nadie, pero había aprendido que a veces esas cosas no se eligen. Quería tener esos conocimientos y quería aprender a sentirme seguro. También necesitaba estar en paz conmigo mismo e ir tranquilo.

Las artes marciales me han dado también «una percha»: una forma de moverme, de respirar. No son solo los movimientos o los golpes. Al darme las clases mi amigo, yo aprendía más rápido también. Era una especie de entrenamiento intensivo. Afortunadamente, nunca rompí nada en mi casa con tanto movimiento. Seguía persiguiéndome esa imagen de la sangre en el suelo. Tenía miedo de que volvieran a por mí y quería estar preparado. No quería sentir ese miedo, pero lo tenía en el cuerpo, en la cabeza, en la forma de estar en la calle. Es algo que se supera; la sangre se borra del suelo y también de tu cabeza. Lo que se queda es el aprendizaje, lo que has podido hacer tú con esa situación que te ha pasado de forma accidental. La vida, al final, es lo que tú haces con ella. Lo que haces con lo que te hacen.

El *muay thai* es un tipo de lucha tailandesa. Es efectiva para luchar en peleas callejeras. Se trabaja sobre todo con los puños, los codos, las rodillas y las piernas. Es un estilo de lucha duro, que puede llegar a producir bastante daño. El taekwondo que había estudiado antes es más técnico, tienes los *punses,* que son como las *katas* del kárate —igual esas son más conocidas—, pero es más un modelo de lucha técnica, de exhibición y competición. El *muay thai* consigue hacer daño. Es para pelear. Jamás lo he utilizado como portero. Lo he dicho ya alguna vez y lo repetiré más veces en este libro: quien piense que ser portero va de tener peleas está muy equivocado y será mejor que lo deje cuanto antes. Cuando estás trabajando de portero, lo que quieres es evitar la pelea y, si la pelea llega, procurar que nadie se haga daño y que se acabe cuanto antes. Así que el tipo de artes marciales y técnicas que se usan es muy distinto: reducción, defensa personal, etcétera.

Cuando estás trabajando en una puerta no puedes ser un boxeador ni un luchador. Esas artes no te valen. No le puedes dar un codazo a nadie. Pero con dieciséis años me entrenaba con el *muay thai* porque necesitaba sentirme más seguro. Aunque esa seguridad no viene de saber un arte marcial que puede hacer mucho daño: viene siempre de la experiencia, de controlar la situación, de no perder los nervios y de que el cuerpo y la cabeza se te vayan haciendo a lo que sucede a tu alrededor.

Esa fue mi experiencia desagradable y violenta en mi primer trabajo, la que me llevó a interesarme por tener herramientas de pelea y la capacidad de defenderme. Pero en el barrio pasaban más cosas y no todas eran buenas.

Una vez, de camino a casa, me salió al paso un grupo de skins y me intentaron robar los auriculares y unas gafas nuevas. Eran unas gafas de sol chulísimas que, además, me había comprado con mi sueldo. Estaba feliz con ellas. Yo iba oyendo música y, de pronto, noté que tiraban de mí hacia atrás. No los había visto venir. Me tiraron y me empezaron a dar golpes y a agarrarme para intentar quitármelos. Me habían pillado justo en la puerta de mi casa, metiendo la llave, con lo que pude llegar al telefonillo y pedir ayuda. Otro susto para mi familia. Si llaman a la puerta y al otro lado escuchas a Sergio gritando: «¡Socorro, socorro, ayuda, ayuda!», pues te llevas un susto. Afortunadamente, lo escuchó mi hermano, que en ese momento debía de tener unos dieciocho años. Dos más que yo. Bajó a la calle en calzoncillos con un cuchillo en la mano que había pillado en la cocina. Cuando le vieron, salieron como alma que lleva el diablo, vamos. No paraban de correr. Y mi hermano persiguiéndoles por la calle López de Hoyos y por la calle Serrano... Otra imagen que no se me olvidará: mi hermano defendiéndome en calzoncillos y con un cuchillo en la mano.

Los cascos los mantuve, pero se habían llevado la mochila con la ropa de recambio del trabajo. Mi hermano entrenaba también y estaba fuerte. No era un atleta, pero casi casi. Les recortó distancias, así que terminaron por renunciar también a la mochila y se la tiraron para que les dejara en paz. Fue lo mejor, porque yo creo que si los pilla tenemos un disgusto. Pero en toda esa historia no sentí miedo. Recuerdo que intentaban tirarme golpes al cuello, como imitando artes marciales sin saber en realidad. Eso también pasa. Gente que finge que sabe algo que en realidad no sabe y termina por hacerse daño.

El caso es que el trabajo en el Bodybell se acabó. Lo dejé. Ahora que lo pienso, me han despedido muy pocas veces en mi vida. Siempre me he ido yo de los sitios buscando algo mejor. Ese era mi plan entonces. Tenía ya dieciocho años, veía que no progresaba, así que me puse a buscar otra cosa. Empezaba una nueva vida para mí. Pero me faltan cosas por contar. Con dieciséis años no solo me dedicaba a trabajar. También me gustaba salir por ahí...

5

Salir, beber y bailar

«No, lo siento, no puedes entrar.» «No puedes, lo siento.» «No, no puedes entrar.»

A mí tampoco me hacían gracia los porteros de discotecas. Cuando tienes dieciséis años, incluso con dieciocho, y te dicen que no puedes entrar a un sitio, es muy difícil no sentir que están siendo injustos contigo. Por eso prefiero que me expliquen las razones a que me digan simplemente que no. Pero era así, muchas veces no me dejaban entrar en las discotecas. Así que sé perfectamente lo que es sentir que el portero está siendo injusto. Supongo que era porque llevaba el pelo rapado, pero más de una vez me ha pasado que entraran todos mis colegas y yo tuviera que quedarme fuera. Da rabia, pero siempre lo he respetado. Siempre he reconocido esa autoridad, aunque no estuviera de acuerdo. Me quedaba fuera o me iba a otro lado (o a casa), pero montar algún lío... jamás. No es mi estilo ni sirve para nada. Os lo aseguro, ante un portero profesional, un chaval de dieciséis a dieciocho años no tiene absolutamente nada que hacer y, en cualquier caso, no se trata de eso. Si te explican los motivos, ya lo sabes para la próxima, si no…, pues buscas otro sitio. Cualquier alternativa es mejor que tener un lío. Eso siempre.

A mí me encantaba ir a discotecas. De los dieciséis a los dieciocho salí muchísimo, todo lo que pude. Quedaba con mis amigos y salíamos por la zona de Moncloa o al Radical, de Alcalá de Henares. También a la sesión *light* del Space, a la RKO, al Cyberian... Nos movíamos mucho.

Uno de los sitios favoritos para no dejarme entrar era Capital. Al final terminé entrando el día que mi hermana dejó ya la gimnasia deportiva y nos la llevamos por ahí mi hermano y yo. Su primera vez en una discoteca fue también mi primera vez en esa discoteca. Fue un día bonito. Al fin y al cabo, mi hermana empezaba entonces a tener una vida juvenil más normal, porque mientras estaba con la selección salir no era una opción. Se trataba básicamente de entrenar sin parar.

Con dieciséis iba a donde podían pasar menores y luego íbamos yendo a las de más mayores, claro. Primero las *light* y luego las normales. Salíamos a bailar, pero también salíamos a beber. Lo que pasa es que lo hacíamos sin ningún tipo de experiencia ni orientación. Así que la primera vez que bebí me pasó lo que les pasa a tantísimos jóvenes cada fin de semana: que me emborraché muchísimo y vomité sin parar. Una borrachera tremenda provocada por una mezcla que, evidentemente, no repetí nunca más. El problema entonces es que no teníamos información y, por lo que noto yo en el trabajo y por la noche, hoy sigue faltando esa información. Todo el mundo bebe, pero nadie enseña a beber.

Yo llegué a la barra y pedí un cubata. ¿Por qué? Porque era lo que me sonaba y lo que veía hacer al resto. No tenía ni idea de alcohol.

—¿De qué lo quieres? —me preguntó el camarero.

—Un cubata —respondí.

—Ya, pero es que hay mil tipos de cubata. ¿De qué lo quieres?

Ahí tiré de memoria y pensé: «Bueno, pues lo que toma mi padre». Así que pedí un *whisky* con Coca-Cola. Me puso un mini. «Ah, pues estupendo.» Un mini. Me tomé ese mini y luego, por variar, pedí un Cointreau con algo. Una bebida superdulce. Pues ya lo tenía. Esa mezcla explosiva en mi estómago hizo que acabara vomitando en el suelo absolutamente todo. Aquella fue mi gloriosa entrada al alcohol y las discotecas «de mayores». Debí de durar en torno a una hora y media y volví roto para casa. Un desastre. Por eso ahora, en los vídeos, intento orientar a los chavales para que sepan lo que hacen y no mezclen así. Supongo que habrá quien diga que, oye, esa primera borrachera es también una experiencia de la vida, pero terminar con el estómago hecho polvo vomitando no es ninguna experiencia. Si se bebe, hay que saber beber, y eso, como tantas otras cosas, se aprende.

En esas salidas me hice amigo de unos chicos que eran de El Pozo del Tío Raimundo. Una zona del sureste de Madrid, por Vallecas, que en aquellos años era un sitio muy complicado, violento y con mucho tráfico de drogas. Eran mayores que yo, me sacaban como tres o cuatro años, pero me trataban como a un igual y eran muy buena gente. Nos hicimos muy amigos y ellos eran muy respetados en la noche. Nadie les tocaba ni les decía ni mu. A mí eso me gustaba. Con ellos iba a Radical, a las fiestas *tecnohouse* que se organizaban en la plaza de toros de Leganés, lo que se conoce como La Cubierta. También íbamos al Bachata, en Torrejón. Esa era mi vida los fines de semana. Entre semana, trabajar, y los fines de semana, salir, beber y bailar. Con esa gente y por esa época también empecé a ser relaciones públicas del Cyberian, repartía *flyers,* invitaba a la gente que conocía a ir por ahí y, con muchísima humildad, me hacía un poquito conocido en esas zonas. No lo hacía por el reconocimiento, pero me gustaba sentirme parte de algo y sacar algo de dinero.

El respeto por esos amigos venía de las zonas de las que eran, de mundos más violentos que el mío y del típico sitio donde tener un problema con alguien un fin de semana podía suponer que esa persona y otros veinte o treinta amigos te estuvieran esperando la semana siguiente para aclarar lo sucedido. Era un respeto que venía precisamente de que ellos sabían manejarse en esos ambientes más complicados. No merecía la pena meterse con ellos. Ni conmigo. Los pijos que conocían bien la noche lo sabían. Nunca jamás en todo ese tiempo tuvimos ningún problema. Al revés. Me acuerdo que una vez, en el baño del Space, unos chicos se pusieron un poco tontos conmigo. El típico vacile para medir quién es quién. Me preguntaron que de dónde era yo. Como os decía, las zonas de la ciudad y los barrios eran una marca que identificaba mucho más que el nombre o la actitud o, desde luego, dónde habías estudiado. Uno era de su barrio, de su zona. Esa era su seña de identidad. Eso era lo que quería decir algo para el resto.

—De la avenida de América —les dije, pero también añadí—: Pero estoy con la gente de El Pozo del Tío Raimundo.

Y ahí se acabó el vacile:

—Ah, muy bien, buenas noches.

Así era.

Si estáis pensando que fue una de esas amistades que duran dos fines de semana, esas que nacen de pronto y pasan rápido, ya os digo que no. No fue una relación puntual, sino de años. Con algunos de ellos sigo teniendo trato; uno vive cerca del sitio donde yo vivo ahora. No fue cosa de unos meses. Nos hicimos amigos de verdad. Eso era lo que me gustaba. No era un rollo de pegarme a ellos buscando respeto ni nada eso. Eso iba por añadidura. Nos llevábamos bien de verdad y nos lo pasábamos bien. Nos gustaba la noche, pero no quedábamos solo en discotecas ni solo por la noche.

Esa amistad implicaba también quedar con ellos muchos días por la tarde en la zona de El Pozo. De esas visitas y esos paseos tengo mil historias, mil aventuras. El tren iba lleno de yonquis que iban a pillar a La Celsa, que era uno de los campamentos de chabolas en los que se vendía más droga de todo Madrid. Sitios que luego quitaron. Cuando los cerraba la policía, los yonquis no tenían adónde ir y de pronto aparecían por toda la ciudad. Pues yo iba en el metro con ellos. A la ida, con los nervios del mono, y a la vuelta, colocados. Cientos de tíos ahí metidos. Era una sensación muy rara, muy triste. Estar tan cerca de tanta gente que no es consciente de que tú estás ahí ni de dónde están ellos.

Eran zonas donde vivían también muchos gitanos, muchos en chabolas y luego ya en pisos, cuando cerraron esas zonas. Una vez, estaba esperando el tren para volverme a casa y vi que un grupo de cinco o seis chicos que no tendrían más de trece años se saltaban el muro de acceso. Detrás de ellos iban otros dos un poco más mayores, en torno a los veinte años. Es de esas veces que, según ves la actitud de quien tienes enfrente, sabes que no va a acabar muy bien la cosa. Se te activan todas las alarmas. Llámalo instinto o igual simplemente es miedo. Se me acercaron y empezó un diálogo clásico de este tipo de encuentros. Se pusieron a mi alrededor y me pidieron un cigarro. Les dije que no tenía tabaco. «Venga, pues dame todo lo que tengas.» Ya se había liado. El tren estaba a punto de llegar, así que intenté ganar un poco de tiempo a ver si me daba tiempo a escabullirme. Lo primero que probé fue pasar de ellos, hacer como que no los oía y ya, esperar. De pronto, justo cuando iba a llegar el tren, uno de los chicos más mayores echó la mano a la cintura y sacó una pistola. Un momento antes todo era una cosa tensa, pero más o menos normal, y de pronto me encontré con que me estaban apuntando con una pistola e insistían en que les diera todo lo que llevaba. Me dije a mí mismo que su intención era asustarme y yo, que ya estaba asustado, aguanté un poco para intentar subirme al tren lo antes posible. Las puertas se abrieron, pero no salió nadie. No sé si porque no tenían que salir o porque habían visto lo que pasaba en el andén. El tipo insistía en que le diera todo lo que tuviera. Sin pensármelo mucho, salté al interior del vagón para salir de allí a toda velocidad. En ese momento escuché algo que no esperaba: disparos. Estaban disparando. Escuché tres disparos. ¿Me habían dado? ¿Habían dado a alguien? Las puertas se cerraron y el tren arrancó. Yo seguí tirado en el suelo del vagón. Otra gente que había dentro se había agachado también. No me quería mover.

En ese momento tenía la sensación de que habían disparado al suelo y no parecía que me hubieran hecho nada. Pero, aun así, yo no me levanté hasta que llegamos a Atocha, donde comprobé que todo el mundo en el vagón parecía estar bien. Probablemente sucedió todo en unos doce segundos. El tren estaría llegando justo a la estación, las puertas justo se cerraban. Todo fue muy rápido, pero el miedo expande el tiempo, te da la sensación de que todo es mucho más largo, lo ves todo, cada detalle de cada movimiento. Y, de pronto, cuando vuelves a recuperar el orden, estás casi llegando a Atocha. Al principio todo iba muy lento y, de repente, *flash,* tienes un borrón y estás en otro lado. Lo pasé muy mal ahí. Ahora lo cuento como una anécdota, pero pasé miedo de verdad, porque en esas situaciones te puedes encontrar con que la persona que tienes enfrente no está midiendo las consecuencias y, por una chorrada, puedes acabar mal.

En esas salidas y moviéndome por esos barrios conocí a mi primera pareja, la madre de mis dos hijos mayores. Ella era unos meses mayor que yo y empezamos a salir. Poco después de cumplir veintiún años se quedó embarazada de Sergio. Sí, tuve a mi primer hijo con veintiún años. Eso sí que te cambia la vida. Te olvidas de la fiesta, de bailar, de salir, de beber y de todo. Tu vida es cuidar de una criatura. Tu mente se centra en trabajar. Si os soy sincero, no echo de menos esos días. Fue una fase juvenil que estuvo muy bien, pero no tengo ningún trauma por haber dejado de salir. Yo quería ser un adulto, tener responsabilidad y trabajar. Y tener un hijo hizo que eso fuera exactamente mi vida.

Al pensar en mis hijos me viene también un pensamiento para mi madre, de la que no quiero dejar de hablar. Mi madre siempre ha sido un apoyo incondicional. Esa persona que te escucha, te dice lo que piensa, pero te apoya si vas a elegir otro camino. A día de hoy, sigue siendo un soporte fundamental. Sigo hablando mucho con ella. Es alguien con quien tengo mucha confianza. De hecho, es una de las personas que leyeron los primeros borradores de este libro y me dijo algo que me llamó mucho la atención: «Yo sabía que vuestro trabajo era duro, pero no sabía todas estas cosas». Sí, hay cosas duras en este libro. Cosas que quizás he minimizado para los demás. Cosas duras en días concretos y también duras en el día a día. Tanto mi hermano como yo siempre hemos evitado entrar en los detalles oscuros de nuestro trabajo. Si has tenido un problema una noche, siempre dices que ha sido menos, le quitas importancia. Pero en este libro tenía que ir de frente, y saber que mi madre lo ha leído me da mucha confianza y mucha seguridad.

6

Ser padre con veintiún años. Mis hijos queridos

Queríamos tener un hijo. Teníamos apenas veintiún años y queríamos tener un hijo. Mi pareja de entonces se había quedado embarazada, habíamos asumido la situación y unos meses después habíamos perdido a la criatura en un aborto natural. Nos habíamos hecho a la idea de algo y, de pronto, desapareció esa posibilidad. Así que al poco tiempo decidimos que, si ya habíamos organizado toda nuestra vida partiendo de que íbamos a tener un hijo..., ¿por qué no tenerlo? Mi hijo Sergio, por tanto, no nació por casualidad ni fue un error ni nada que se le parezca. No nos encontramos ninguna sorpresa ni fue fruto del azar. Nos dijimos que la experiencia de habernos mentalizado primero y después haber vivido la tristeza de la pérdida era suficiente. Pero estábamos pensando con la cabeza de dos veinteañeros enamorados.

Cuando eres joven, crees que lo que sientes en un momento concreto va a seguir ahí para siempre. Piensas mal, porque nunca ves el largo plazo. Sin embargo, si hay algo de lo que no me arrepiento de todas las decisiones apresuradas que tomé en esos años, empezando por dejar el instituto, es de haber tenido a mi hijo Sergio. Es más, si yo no hubiera tenido a los veinte años a mi hijo Sergio, hoy no sería «el portero de TikTok». No sabría, muy probablemente, lo que es TikTok, porque fue mi hijo el que me metió en este mundo. Si hay algo que hace que mi vida encaje de alguna manera, que los sacrificios, las malas pasadas y todas las cosas duras que me han ido pasando merezcan la pena, son mis cuatro hijos.

Cuando mi pareja se quedó embarazada la primera vez no sabíamos cómo decírselo a nuestros padres, así que optamos por ir paso a paso. Primero nos fuimos a vivir juntos y la idea era, una vez ya instalados en la rutina de tener nuestra propia casa, informar de que íbamos a tener un hijo. Pero por el camino tuvimos el aborto. Quizás si no nos hubiéramos ido a vivir juntos no habríamos tomado la decisión de seguir adelante. Si hubiéramos seguido con nuestras respectivas familias, es posible que no se nos hubiera ocurrido volver a intentarlo. Pero estando allí, habiendo asumido ya la responsabilidad de vivir juntos y tener que mantenernos de manera independiente, parecía razonable seguir el camino que nos había llevado hasta allí. Eso hicimos y, una vez que ella se quedó embarazada, los nueve meses fueron razonablemente tranquilos.

Creo que yo en ese momento no tenía conciencia suficiente para pensar en lo que supone tener un hijo. Me hacía ilusión, me apetecía, me parecía bonito, pero no sabía realmente lo que iba a cambiarme la vida. Siempre he sido una persona muy madura; empecé a vivir como adulto muy pronto, pero, por maduro que fuera, tenía veinte años. No podía saber lo que significaba realmente. Al principio, para mí ser padre era una cosa que no tenía que ver directamente con mi hijo. Tenía que ver más con mantener el trabajo, con llevar dinero a casa, etcétera. Todas esas cosas de adulto. Pero no era un sentimiento que hubiera entre él y yo. Yo no lo sentía así. Además, sucede una cosa para la que no estás preparado, y es que una pareja se convierte en un trío y, lógicamente, la madre tiene que estar dedicada al hijo, por lo que enseguida se desarrolla entre ellos un lazo irrompible y tú te quedas un poco en segundo plano. Yo ese segundo plano no lo tenía nada procesado. No sabía que iba a llegar y no supe bien qué hacer con ello.

En esos días mi vínculo más fuerte era con un animal: mi perro Cafú. Le puse ese nombre porque su color era parecido al de un futbolista del Milán que jugaba en la selección brasileña (lo pillé del FIFA). Era un dogo de Burdeos gigante con una gran cabeza y el cuerpo fuerte y musculado. Cafú y yo nos hicimos inseparables. Siempre me han gustado los animales, pero supongo que, en esa desorientación del primer momento de ser padre, Cafú se convirtió en una especie de refugio, en un aliado y un amigo cercano. Después, cuando nació mi hijo, Cafú lo cuidaba y Sergio se llevaba muy bien con él. En ningún momento hubo celos por ninguna parte. Sufrí muchísimo cuando murió Cafú. Todavía hoy lo echo de menos.

Hay gente que desarrolla ese sentimiento de «ser padre» antes de nacer su hijo. En mi caso no fue así, fue más tarde. Mi vínculo verdadero con mi hijo empezó cuando mi pareja volvió a trabajar, porque ahí tuve que hacerme cargo del crío yo también y estaba solo. En esa soledad llena de inseguridades, torpezas y aprendizajes, descubrí a mi hijo. Porque se puede decir que fue un descubrimiento. Antes existía como algo que me hacía feliz y me daba sentido de la responsabilidad, pero era algo que estaba «ahí», fuera de mí. Cuando nos quedábamos solos los dos y tuve que cuidarle es cuando me nació ese sentimiento de «ser padre» de una manera mucho más directa y emocional. Se puede decir que lo bonito empezó ahí. Porque, además, cuando estás en esa situación, no hay escapatoria posible y el niño depende de ti totalmente. Si está llorando, tienes que hacer algo. Si no se duerme, tienes que intentar que se quede dormido. Tienes que conseguir que coma, incluso si no le apetece. Si tiene fiebre, le tienes que llevar al médico, etcétera. Ahí conocí el cansancio de tener dobles y hasta triples jornadas.

En una ocasión, después de haber estado trabajando como guardia de seguridad todo el día, me fui a casa, me cambié rápidamente y me fui a hacer mi turno en una discoteca, de la que salí a las seis de la mañana. Volví a casa y, al poco de llegar, mi pareja tuvo que irse a trabajar, con lo que me tocaba quedarme con el crío. Yo estaba tan agotado de las dos jornadas anteriores, casi sin pegar ojo, que me quedé dormido. Me desperté con la mitad de mi familia llamando a la puerta de mi casa porque no daba señales de vida. El niño estaba tan a gusto en la cuna, a su rollo. Yo, roncando a su lado. Ahora lo cuento como una anécdota divertida, pero ese día me sentí fatal. La sensación de fallar como padre me hacía sentir muy mal y por eso intentaba todo el rato estar a la altura.

A veces la familia, en vez de ayudarte, te amarga. El día que nació Sergio estábamos en el hospital y las matronas y todo el personal del hospital nos estaban ayudando muchísimo y explicándonos todo lo que teníamos que saber en relación con la criatura. Además, como nosotros éramos tan jóvenes, pusieron especial cuidado en darnos toda la información y acompañarnos. Pues bien, según nació mi hijo, apareció en el hospital la familia de mi pareja. Como cualquier padre del mundo ante su hijo recién nacido, yo le fui a coger para tenerle conmigo y, en ese momento, mi cuñada y mi suegra empezaron a gritar que no se cogía al niño así. Yo le estaba cogiendo como me habían dicho las matronas. Me entró una rabia tremenda en ese momento. Sentí que me habían jodido los primeros momentos con mi hijo y se me juntaron la emoción, la tensión y los nervios. Me enfadé tanto que me marché de allí. Me fui también para no montar el pollo delante de todo el mundo. Estaba con un colega y le pedí que me acompañara. Nos fuimos fuera y cogimos su coche. Ahí empecé a calmarme, pero seguía aún muy enfadado. Llamé a mi pareja y le dije que, hasta que no se fuera de allí su familia, yo no volvía. Es un recuerdo que tengo grabado como si hubiera sido ayer. Puedo rememorar perfectamente la sensación de rabia, de angustia, de que se están metiendo en tu vida sin que hayas dado permiso. Estuve unas horas fuera y a la tarde volví al hospital. Luego me llamaron llorando y me pidieron perdón por lo que había pasado.

Esa es la historia del nacimiento de mi primer hijo, pero tengo cuatro. Ya os he contado que me encantan los niños. La segunda, Edurne, aún de mi primera relación, nació unos años después. Para entonces ya estábamos en una edad diferente y mucho más preparados. Yo estaba en aquel momento compitiendo como *strongman* y la cría y su madre se venían conmigo a verme en los campeonatos. Me encantaba estar con ella y que estuviera a mi lado, tan pequeñita, en esa fase de mi vida.

Y ahora, hace muy poquito en realidad, con mi pareja actual tenemos otros dos: Sofía y Óliver. Cuando se publique este libro, Sofía tendrá en torno a tres años y Óliver estará ya para los dos años casi. El nacimiento de Óliver fue otra pequeña aventura. Se dice que los segundos hijos de una misma madre nacen con mucha más facilidad que los primeros, y en este caso fue exactamente así. Estábamos en casa y Laura —mi pareja— dijo que ya venía el niño. Cogimos las cosas que ya teníamos preparadas y salimos para el hospital de Valdemoro, que era el que teníamos de referencia. Nos fuimos para allá y, ya en el coche (yo iba lo más rápido que podía), ella iba diciendo: «¡Que se me sale! ¡Que se me sale!». Desde el coche avisé a mi suegro para que supiera que ya estaba la cosa en marcha, que viniera y se quedara con mi hija Sofía. Cuando llegamos al hospital de Valdemoro, mi suegro ya estaba allí. Nos metimos para dentro, cogieron a Laura corriendo y mi suegro me indicó que era por una puerta. Pues no era por esa puerta. Luego me dijo que teníamos que ir a aparcar el coche. Total, que entre una cosa y otra pasaron literalmente siete minutos y, cuando volví y encontré la puerta que era, mi hijo ya había nacido. Por siete minutos y unas malas indicaciones de mi suegro. «Me cago en mi suegro», le decía de broma. Pero la verdad es que todavía lo tengo aquí un poco clavado.

Me hubiera gustado ver nacer a mi hijo, pero lo que más me gusta de los cuatro es ver cómo han ido creciendo y haciéndose mayores. Los hermanos se llevan muy bien. Sergio vive en Tenerife, tiene ya veinte años y está trabajando, pero siempre que viene está muy feliz con sus hermanos. Edurne está conmigo una semana sí y una no, y está loca con sus hermanos pequeños. Eso de ser siempre la más pequeña y de pronto encontrarse siendo la mayor es algo que le encanta.

Lo que es importante para esta historia es entender que yo desde muy muy joven tuve responsabilidades de adulto y una mirada de adulto sobre la vida. Eso hacía que tuviera que trabajar mucho, en lo que saliera. Mis siguientes trabajos y toda mi vida a partir de ese momento han estado atravesados por esta situación que, además, yo había elegido. La sensación que tengo mirando hacia atrás es siempre la de una tensión entre querer que la vida sea ya, que las cosas adultas empiecen cuanto antes y, a la vez, que la vida te está pasando por encima y tú estás en medio intentando controlar la situación. Pero, como decía al principio, me siento muy afortunado de haber tenido a mis hijos; los cuatro son de las cosas más luminosas de mi vida, las que me hacen sonreír y las que me ponen los pies en la tierra.

Volvamos, entonces, de esas criaturas luminosas a un mundo mucho más duro. Mi trabajo en el mundo de la construcción, que sería el camino previo para mi primera experiencia continuada como portero de discoteca.

7

Un martillo compresor

Después de dejar el trabajo en el Bodybell estuve un par de semanas trabajando como auxiliar de vigilancia en un parking. También lo dejé. No me gustaba el trabajo, me aburría y, si había dejado el trabajo anterior por ver que no me iban a dejar mejorar, desde luego tampoco había margen de mejora trabajando en un parking. Ser auxiliar de vigilancia en un parking es lo que es. No hay camino hacia arriba. Para quien le guste, está estupendo, pero no era para mí.

En casa las cosas no iban muy bien: mi padre estaba muy enfadado porque había dejado un buen trabajo y encadenaba otro peor que tampoco me duraba. Estaba disgustado. En esas situaciones es cuando empiezas a pensar en los «y si...». Y si no me hubiera ido del anterior trabajo, y si no hubiera dejado el instituto…

Todas esas cosas conducen a muy poco y además borran todo lo malo que tenían esas otras experiencias. Las vidas que no has vivido siempre parecen más brillantes que la que tienes. Esa no es manera de hacerse cargo de una vida. Uno se hace cargo de su vida tomando lo que tiene entre las manos y haciendo algo con eso. Las fantasías terminan por paralizarte. Así que, sí, yo ahora podría ser encargado de un Bodybell y mi existencia habría sido muy distinta, pero eso me habría quitado todo lo bueno que tiene la vida que sí tengo. Puedes pensar que esas otras vidas habrían sido perfectas, pero eso nunca es así. Lo mejor es dejar de dar vueltas a esas salidas que en realidad no existen y centrarte en las que sí puedes conseguir, las que están por delante de ti, no las que se quedaron atrás. Salidas nuevas a problemas viejos. La salida nueva que yo encontré fue en la obra, arreglando calzadas.

A mi padre aquello le hizo aún menos gracia que todo lo demás. No quería eso para su hijo. Supongo que para él todos esos trabajos eran la suma de una vida que no quería para nosotros, porque así había sido la suya. Por ejemplo, lo de las calzadas lo pensé porque un primo nuestro se dedicaba a eso. No me inventé nada, era el camino que me parecía más accesible, aunque no fuera el más sencillo, porque era un trabajo duro, pero yo quería seguir avanzando. Así que hablé con mi primo y le pedí que me metiera a trabajar allí. Me dijo que sí.

El día que me incorporé a mi nuevo trabajo me encontré con una sorpresa. Sin tener yo experiencia previa, me entregaron un martillo compresor. Un monstruo de entre cuarenta y cincuenta kilos que se utiliza para romper los bordillos defectuosos golpeando con una fuerza enorme contra el suelo. Es como subirse a un toro mecánico que solo controlas con la fuerza de los brazos y la tensión que aguantes con la cintura y las piernas. Si se te escapa, te puede destrozar un pie. Yo ya estaba fuerte, pero aquello era demasiado para mi edad y, sobre todo, para mi experiencia. Pues bien, toda mi jornada aquel día, las ocho horas, las pasé quitando bordillos de la calle con esa máquina. Ocho horas aguantando la percusión contra el suelo y el pam, pam, pam, pam a toda velocidad. Antes de acabar la jornada tenía todos los nudillos abiertos de la fuerza que había tenido que hacer para sujetar aquello. Sudas como un cerdo, se te mete el sudor en los ojos, te escuece y las manos te duelen como no te habían dolido nunca. Se te agarrotan las piernas y la cintura y el cuerpo parece que se te contrae de la fuerza que tienes que hacer. Yo estaba seguro de que aquella tortura el primer día tenía un objetivo: que desistiera. Que lo dejara y me fuera a casa. Sonaba a lección y, es más, sonaba a lección de mi padre, que seguro que había hablado con mi primo.

La fuerza y la resistencia no son solo fuerza y resistencia, también son un ejercicio mental. Algo que producimos con la mente a través, sobre todo, de la concentración. ¿Sabéis esos momentos en los partidos de tenis (en realidad, en cualquier deporte) en los que un jugador que está jugando muy bien empieza a fallar y fallar? O al revés, esos momentos en los que uno que está muy muy cansado empieza a jugar muy bien. Todo eso se consigue con concentración, con una determinación que no sale de tu fuerza, sino de la relación entre tu fuerza y tu cabeza. Por eso yo conseguí aguantar esas ocho horas con el compresor. Porque sabía que se trataba de que me rindiera y me fuera a casa. Porque sabía que mi padre quería que lo dejara. No dudo de que lo hiciera por mi bien, pero era mi decisión e iba a aguantar. Así fue.

Volví a casa dolorido, con los nudillos en carne viva, y no podía ni abrir ni cerrar las manos. Estaba agarrotado y me sentía fatal, pero no dije ni mu; me fui a la cama y, al día siguiente, a las seis de la mañana, estaba otra vez en la obra como un clavo, dispuesto a aguantar lo que me tocara. Al verme llegar, mi primo no me confirmó mi hipótesis de que mi padre estaba detrás del esfuerzo del primer día, pero sí me dijo que el compresor nunca se coge tantas horas seguidas y que la jornada que iba a hacer ese día iba a ser como la de todo el mundo. Así que, de manera implícita, sí me dejó claro que lo del día anterior no era lo normal. Por otro lado, no vayáis a pensar que la jornada normal no era dura. La construcción en general siempre es un trabajo difícil y muy físico, especialmente en la calle, pero «lo peor» había pasado. Se puede decir que había logrado domar al compresor y había pasado la prueba.

Estuve en el mundo de la obra desde los dieciocho hasta los veinte años o así. Con mi primo trabajaba en obras de calle, nunca en edificios. Un año y pico después de estar ahí, me pasé a otra empresa con la que montábamos tuberías industriales. Era también un trabajo duro, muy exigente, pero mi problema principal allí era el oficial que teníamos. Me encantaría poderlo explicar de una manera más sutil y más elegante, pero el problema es que el tipo era alcohólico, venía a trabajar borracho y nos ponía a todos en peligro.

Quedábamos a las ocho de la mañana en Vicálvaro. Ese era el punto de encuentro. Para esa hora ya estaba bebido. Si a las ocho no lo estaba, lo estaría muy pronto. Y el coche lo llevaba él, así que me tiré (bueno, yo y toda la cuadrilla de la obra) meses yendo de un sitio a otro de Madrid con un conductor borracho. Todas las idas a la obra y todas las vueltas. Eso es una tensión constante que no te puedes quitar de la cabeza. Yo ya era padre y me había independizado. Mi pareja estaba estudiando para sacarse el carné de conducir autobuses, por lo que el que metía dinero en casa era yo. Simplemente no podía dejar de trabajar. Si no, ¿por qué me iba a arriesgar a tener un accidente con un conductor que era un peligro día sí y día también? Tenía que conservar el trabajo como fuera.

Pero ¿cuál era el problema? Que esa tensión, esa sensación constante de peligro, además de trabajar con una persona que por su situación me estaba tratando mal de forma sistemática, me fueron minando la moral y la paciencia poco a poco hasta que ya no pude más. Aquel tipo era una forma distinta, mucho más peligrosa y permanente, del martillo compresor. Solo que golpeaba en tu cabeza cada día. Y por eso un día… salté.

Estábamos trabajando en un pozo de unos dos metros y medio en el PAU de Carabanchel, una de esas obras más o menos nuevas que se hicieron en el sur de Madrid hace como veinte años. Dos metros y medio es un pozo bien profundo. Para que os hagáis una idea, es un poco menos que el vaso de una piscina de las grandes. Yo estaba en el interior dándoles cemento a los ladrillos y el tipo llegó y me empezó a insultar y a decirme si pensaba estar allí todo el día. Y venga comentarios y venga insultos... Y, lo que os digo, perdí los nervios.

Subí los dos metros y medio trepando por una escalerita de obra que teníamos preparada. Escalé por ella a toda velocidad impulsado por la rabia. Subí, le agarré y le tiré al pozo. Afortunadamente no se hizo nada. El tipo estaba abajo y yo arriba, las tornas habían cambiado y yo no había terminado. Le dije que si se le ocurría subir de ahí le iba a pegar. Que no subiera, que le rompía la cara. A veces pienso que le tiré al pozo para no pegarle, para no buscarme un lío más gordo. Me estaba acordando de todas las veces que nos había puesto en peligro en ese coche del infierno. Quizás solo quería quitármelo de la vista.

Llamaron al jefe de obra. Un tío al que yo no había visto hasta entonces ni una sola vez. Recuerdo que apareció por allí en un Land Rover gigante, de los que uno se compra con la intención de ir impresionando a todo el mundo. Se bajó como un loco, haciendo aspavientos y llamándome «niñato». No me pilló en el mejor día de mi vida, la verdad. Le agarré de la pechera y le dije:

—Mira, como no pares ahora mismo, vas tú también para abajo.

En ese momento de rabia no estaba procesando que lo que se estaba esfumando era un futuro para mí. Otra puerta se estaba cerrando. Pero es que me daba exactamente igual. Era imposible trabajar así, soportar humillaciones constantes, estar en peligro… Que no. No lo iba a permitir. Hay que tener dignidad en todas partes y especialmente en el trabajo.

En ese momento, con el jefe de obra agarrado y a punto de tirarlo también para abajo, apareció la persona que me había conseguido el trabajo, que me conocía y conocía a mi familia. Vino corriendo muy alarmado:

—Pero, Sergio, hijo mío, ¿qué has hecho? Anda, métete en la furgoneta, cálmate.

Esas palabras y verle ahí consiguieron que me relajara un poco y me fuera a la furgoneta que me señalaba.

Ahí es cuando te baja la adrenalina, cuando el mundo recupera su velocidad normal y viene el golpe de la desaceleración. Empiezas a procesar lo que ha pasado y lo que va a pasar después. Empiezas a pensar que te has quedado sin trabajo —porque evidentemente no me iban a dejar volver después de aquello— y que tienes un crío en casa. Todas las cosas que te habían mantenido firme hasta ese momento vuelven a la cabeza a toda velocidad. Pero te calmas y te repites que es una cuestión de dignidad. Que la alternativa es peor, que iba a terminar teniendo un accidente o metiéndome en un lío más gordo por culpa de aquel tipo que jamás debió haber estado en una obra y menos de oficial. Cada vez que lo pienso me viene como un fuego por el estómago y la rabia por todo el cuerpo, pero la realidad era que ese trabajo se había terminado.

Así que llamé a mi hermano Ángel, que ya estaba trabajando de portero, y le dije que necesitaba trabajar. Y él me metió en Joy Eslava. Por eso digo que yo no elegí ser portero y, como iréis viendo posteriormente, tampoco elegí quedarme de portero o volver a trabajar de portero. Simplemente la vida me fue llevando hasta allí. Hay una diferencia entre hacer bien tu trabajo, que te guste y que lo hayas elegido. A mí me gusta ser portero y creo que soy bueno en ello, pero no lo elegí. Elegí ponerme a grabar vídeos. Eso sí, esa elección sí que la considero un acto mío de libertad. No tenía por qué hacerlo ni lo necesitaba. Y me cambió la vida.

8

La primera Joy

Era a principios de los dos mil. Joy Eslava era un templo. Todas las historias que te cuenten sobre Joy Eslava tienes que creértelas, incluso las que te suenen un poco raras o fantasiosas. La leyenda del lugar nos obliga a creer. Hay quien dice que hay un fantasma y todo, pero, bueno, eso son leyendas.

Ahora en serio, Joy Eslava ha sido siempre un lugar muy especial en Madrid. Empezó siendo un teatro, el teatro Eslava, y se inauguró como sala de fiestas en los años ochenta. Por allí ha pasado toda la gente que podríais imaginar y más. Gente importante cuyos nombres no se conocen, sobre los que hay que guardar discreción, y gente muy famosa. Chuck Norris ha estado en Joy Eslava. Will Smith ha estado en Joy Eslava. Todos los actores y actrices famosos de aquí y de fuera han ido a Joy. Era y es uno de los centros de la noche madrileña. Es uno de esos locales que tienen mito e historia. Sufrió un incendio que destruyó dos plantas enteras, con mil doscientas personas dentro, y el sistema para desalojar el edificio funcionó tan bien que solamente hubo diez personas intoxicadas. Un sitio con mucha historia al que yo llegué a principios de los dos mil.

Cuando yo empecé a trabajar en Joy, la calle Arenal —que es donde siempre ha estado— no era peatonal como ahora. He conocido las dos Joy Eslava, la de la calle peatonalizada y la de la calle con coches. Si me tengo que quedar con una, prefiero la de los coches por dos motivos. El primero es que la gente importante que venía a la discoteca, tanto los más famosos como esos que digo *importantes* —cuyo nombre no conoces, pero sabes que controlan—, llegaban hasta allí en coches o en taxis, se detenían en la puerta y entraban de una forma que le daba glamur a la sala. El segundo motivo es mucho más importante para mi trabajo. Con los coches es más fácil controlar la puerta y las aceras son más estrechas, lo que facilita la seguridad. La calle en 2003 era mucho más manejable que cuando volví a la discoteca en 2013. La diferencia se notaba mucho. El público también había cambiado. Entre otras cosas, por ese mismo acceso. Se perdió exclusividad y se masificó con otro tipo de gente. Ya lo contaré un poco más adelante.

Cuando me incorporé a Joy, yo ya había hecho algunos trabajos puntuales en la noche. Me llamaba mi hermano para ir allí o a alguna otra discoteca y hacía de refuerzo, así que ya conocía el trabajo. Pero incorporarme a esa discoteca en ese momento sí fue algo importante para mí y, en cierta medida, supuso un cambio relevante. El motivo es que allí encontré varias de las cosas que llevaba tiempo buscando. Sobre todo, una dedicación muy profesional hacia el trabajo. Yo venía de la construcción, de la calle, de un oficial imposible que me había comido la moral y los nervios. Lo que encontré allí era justo lo contrario. No había informalidad, no había caos. Al contrario, tenían normas, una organización muy estricta y un sentido de la responsabilidad hacia el trabajo muy grande.

Joy tenía reglas claras, cosas que no se podían hacer. Había un protocolo. No podías estar con los brazos cruzados, no podías mascar chicle, no podías estar con las manos metidas en los bolsillos, no podías estar de charla... La imagen que se quería generar era de seriedad absoluta, la de un servicio muy profesional que estaba allí para, entre otras cosas, mantener el prestigio del local. Y eso se respetaba a rajatabla. Otra de las cosas que estaban dentro del protocolo tenía relación con la ropa. No te ponías la ropa que te daba la gana ni podías ir de cualquier manera, ni muchísimo menos. Pero no me refiero solo a que te obligaran a llevar un tipo de ropa específico, que eso pasa muy a menudo. Ellos te mandaban a una tienda de su confianza y allí te vestían: traje, zapatos buenos y un abrigo (porque el frío del invierno madrileño obliga).

De pronto era como entrar en otro mundo. Un mundo donde las cosas se tomaban en serio. Es evidente que esto no era todo; el trabajo era duro y el horario era difícil, porque trabajar de noche te desconecta un poco de la vida que hace la mayoría de la gente, pero así podía sacar adelante a mi familia, dejarle espacio a mi pareja para que pudiera estudiar y conseguir recursos para mi hijo. Nada era más importante que eso, pero además estaba en un sitio en el que se me trataba bien y se me respetaba y, sobre todo, en un sitio que *yo* respetaba.

En esos meses hice muchas cosas, no me quedé quieto. Creo que no es algo que yo sepa hacer. Siempre estoy buscando cosas, intentando mejorar, etcétera. En Joy empecé con la sesión *light,* pero luego pasé a la noche. Además, trabajaba en otros locales los fines de semana para sacar algo más de dinero. Cuando terminaba la sesión de Joy, nos íbamos a los otros. Éramos los mismos porteros en varios sitios y nos organizábamos en función de los horarios. Por si eso fuera poco, en ese periodo tuve trabajo en un gimnasio, me saqué el título de monitor de dietética y otro para ser vigilante. Fue un momento muy intenso, de hacer muchas cosas y también de tener la sensación de que mi vida profesional se organizaba un poco. Caí allí sin elegirlo, pero fui capaz de hacerme un hueco.

El trabajo no tiene un manual. No es algo que puedas aprender en un aula. Se aprende estando allí, escuchando y mirando a los demás. Yo observaba a mi hermano Ángel, pero, en general, a todo el mundo que trabajaba conmigo. Escuchas y miras, te fijas en cómo hacen las cosas y cómo se organizan.

La primera lección es muy importante y muy valiosa: «No pegues». Pegar implica poder perder el trabajo y, quizás, ser detenido o tener que afrontar un juicio por agresión. Hay gente que trabaja de esto que no lo entiende y por eso duran muy poco. Tienen la idea de que se trata de soltar una hostia cuanto antes para que así te respeten. No es así. Así no solo no te haces respetar, sino que montas un follón en la puerta, provocas que la discoteca tenga peor fama y te metes en un lío. Nadie quiere eso.

Dentro de la discoteca siempre tiene que haber un portero situado en una zona desde la que pueda visualizar y controlar bien la sala. Siempre hay uno fijo y muchas veces alguien más dando vueltas. En Joy Eslava esos equipos eran más grandes. Te colocabas en posiciones estratégicas para controlar lo que pasaba y poder moverte bien y rápido por si tenías que intervenir de alguna manera.

Hay otro motivo para estar situado de forma clara en una discoteca: que te vean. Solo que se te vea ya tiene un efecto preventivo, de control de la sala. Por eso es tan importante el aspecto que tienes, transmitir esa autoridad y no perder los nervios. No hace falta hacer nada más. Hay que controlar el espacio haciendo lo menos posible, con tu mera presencia. Años después, cuando mi talla y mi aspecto habían crecido muchísimo porque estaba compitiendo como *strongman,* siempre me colocaban en esos puntos en los que se te ve. Funcionas como un aviso. Y hay que estar atento a lo que pasa y a tus propios compañeros. Cuando alguien pide ayuda, por el motivo que sea, se deja lo que se está haciendo y se va donde el compañero la está solicitando. Esto es básico. Si luego resulta que era una cosa más o menos tonta, que no necesitaba tu presencia, lo resuelves en ese momento, pero *a priori* uno va siempre que le llamen. La base de todo esto es la confianza con los compañeros y actuar de forma coordinada, como un equipo. Puede no ser nada, pero puede ser una pelea o algo mucho más serio. En este libro voy a contar algunas historias que son solo un ejemplo, pero que sirven para dejar claro el tipo de problemas que podemos encontrarnos y por qué es necesario estar coordinados, confiar totalmente en los compañeros y estar ahí para ellos. Ellos van a dar la vida por ti y tú tienes que hacer lo mismo. Y si no lo hacen (también contaré algún ejemplo de esto), tienes que decirlo. No se puede trabajar con gente que no te va a cubrir ni va a estar a tu lado cuando las cosas se ponen difíciles, porque las cosas se van a poner difíciles tarde o temprano.

De todas formas, en estos años todo ha cambiado mucho. Los medios de comunicación han dado una imagen de los porteros de discoteca que no se corresponde con la realidad. Las noticias que hablan de nuestro trabajo solo existen si ha habido algún problema y eso va minando la autoridad de la profesión, por lo que es más difícil que la gente te respete. Eso siempre termina en problemas y, por otro lado, atrae a gente menos profesional que se cree que el objetivo de un portero es ir por ahí dando palizas. Una pelea es algo feo siempre. Te juegas la vida en cualquiera, por tonta que parezca. Te la juegas porque te puede pasar algo a ti y también porque tú tienes una capacidad para hacer daño que muchas veces es mayor que la de la persona que tienes enfrente. Tú estás preparado para reducir a gente, controlar situaciones violentas y todo lo que implica. Es tu obligación que el resultado sea lo menos chungo posible. Por eso hago los vídeos. Porque tenemos que recuperar esa idea de identidad, de seriedad, de trabajo profesional. El acontecimiento que yo creo que cambió mucho la percepción sobre los porteros fue la muerte de un chaval en una discoteca del Balcón de Rosales después de meterse en una pelea con los porteros que trabajaban allí. Fue en 2008.

Ese tipo de situaciones no solo son muy anormales, sino que degradan nuestro trabajo y producen una imagen de lo que hacemos que no se ajusta a la realidad. Después de que pasara lo de 2008, si querías ser portero tenías que sacarte el título de controlador de acceso, pero yo creo que eso no es más que un parche de la Administración para quedarse tranquila, pero no la solución. La solución es recuperar la profesionalidad en el sector y que se conozca lo que hacemos. Que se entienda que cada cosa que hacemos no es arbitraria, sino que hay unos motivos detrás de esas decisiones. Y bajar el nivel de conflictividad de la gente. Porque igual que hay algún portero que se cree que esto va de pelear, hay gente a la que le parece divertido pelearse con los porteros. Yo no quiero tener cerca a alguien que está ahí para pegarse, porque me produce inseguridad y descontrol. Por el mismo motivo, no quiero tener enfrente a nadie cuyo deporte del fin de semana sea liarla y enfrentarse a los porteros.

Joy y algunas otras discotecas en las que he trabajado —Velvet, en la que estoy ahora, también— son sitios donde cuidan mucho esa profesionalidad, donde entienden que el trabajo de los porteros no es solo una cuestión de seguridad (eso por descontado), sino algo que tiene que ver también con la identidad que proyecta la discoteca.

Hay un problema añadido cuando la puerta de una discoteca es problemática. Tú no eres un policía, no puedes detener a nadie ni ejercer ese tipo de funciones; por eso tampoco puedes ir por ahí pegando a nadie o te enfrentas a un posible juicio por agresión. Así que, cuando hay un problema en una discoteca, hay que avisar a la policía siempre. Si tú tienes un local tranquilo, eso va influyendo también en la relación que tienes con los policías de la zona, que te ven como un aliado. A mí eso me ha pasado; tengo muchos amigos policías a los que he conocido de estar en la calle por la noche. De cenar en los mismos sitios que ellos en un descanso de un turno, echándonos manos o avisando si hay cualquier problema. Así forjas una relación de confianza, más de igual a igual. Cuando no haces eso, siempre tienes problemas. Y a veces no puedes, porque estás en un sitio conflictivo donde hay lío cada noche.

Y también conozco ese tipo de situaciones. Voy a contar tres de las que más recuerdo y que son ejemplo de lo que, a veces, pasa por la noche.

9

Salvar una vida

La noche en la que salvas una vida no piensas que la alternativa habría sido ver morir a alguien.

Esta historia empieza como empiezan siempre todas las historias, con noches tranquilas en las que no tiene por qué pasar nada, donde el problema aparece de improviso y te obliga a reaccionar. Pero aquí hay una diferencia importante. La discoteca donde sucedió todo no controlaba su aforo, de modo que lo superaba cada noche.

Una discoteca que supera el aforo es un verdadero peligro para la gente que está en ella y para los porteros que están trabajando allí. La noche que salvé una vida yo estaba trabajando en una discoteca que no se preocupaba en absoluto por el aforo. He trabajado en algún momento de mi vida en discotecas que superaban el aforo permitido de forma más o menos sistemática. Esta lo hacía todas las noches.

Moverte en el interior de un local en el que se ha superado el aforo es muy difícil. El ambiente en la zona donde está la gente es irrespirable. Llegar a donde tienes que llegar o incluso enterarte bien de lo que está pasando es una pequeña odisea. El trabajo en la puerta se complica porque el criterio de entrada es muchísimo más suave, por lo que los problemas se multiplican y, cuando estallan, gestionarlos es mucho más difícil.

En esa discoteca en concreto nos organizábamos en dos grupos: dos en la puerta y dos en el interior. La noche en la que pasó todo yo estaba fuera. Los dos del interior se colocaban en sitios distintos para cubrir el espacio de la mejor manera posible. Pedir ayuda ahí dentro implicaba que tú o tu compañero teníais que cruzar un mar agobiante de cuerpos muy pegados, que tampoco se están enterando de lo que está pasando porque con las luces no ven y con la música no oyen. Eso, evidentemente, te hace ser más lento y tu capacidad de respuesta se reduce.

Esa noche, uno de los compañeros que estaban abajo nos avisó a los que estábamos arriba y yo me bajé corriendo. Cuando te avisan de cualquier incidente, lo primero que haces es mirar por encima de la multitud de cabezas que pueblan la sala. Tu objetivo es intentar distinguir un hueco en la masa de cuerpos. Siempre que pasa algo, en las inmediaciones de ese algo se produce un hueco. Esa noche el hueco, efectivamente, existía, así que, una vez que lo vi, intenté moverme hacia allí, pero me era imposible. La gente se agolpaba, no había hueco. Como tenía que avanzar, los fui apartando como pude, porque tampoco quería generar otro problema y no podía tirar de fuerza en una situación así, ya que, además, generas pánico a tu alrededor. Así que fui haciéndome espacio poco a poco y seguí avanzando hacia allí. Lo que tenía delante era algún tipo de pelea. Volví a mirar un poco más de cerca y distinguí un brazo que golpeaba a otra persona; un movimiento solo, rápido y preciso. Me dio muy mala espina, así que aceleré el paso para llegar al hueco que se había generado.

Por fin llegué a la zona despejada y vi a un chico con aspecto de estar desorientado, encorvado. Intentaba alcanzar un punto en su espalda con la mano, como si estuviera buscando algo a lo que no podía llegar. No tendría más de diecinueve años. Ahí me temí lo peor. Le levanté la camiseta según llegué y me encontré un agujero por el que manaba sangre. No era mucha, pero el chorro era constante. La prioridad era sacarle de ahí. Le cogí inmediatamente e intenté cargármelo a hombros, pero había tanta gente que esa maniobra era imposible, así que pasé su brazo por encima de mi hombro, le agarré la cintura con cuidado y de esa manera pude avanzar sujetándole también para que la herida sufriera lo menos posible. Mientras avanzaba hacia el exterior usé mi *walkie* para pedirle al encargado de la sala que avisara ya a una ambulancia, porque teníamos un apuñalamiento. Tuve que llevarle a la calle, a un lugar donde pudiera acceder el personal sanitario. Mi prioridad en ese momento era el chico herido, no la persona agresora, que, intuía, se habría escapado (efectivamente, así era).

Cuando he contado esta historia en TikTok, hay quien me ha dicho que sacamos al herido de la discoteca para que el local no tuviera ningún problema, como para ocultarlo. No tiene nada que ver con eso. En primer lugar, cuando digo sacarlo fuera, me refiero a la calle más cercana posible para que le atendiera una ambulancia. No hablo de un banco a dos kilómetros para dejarle ahí y que se apañara como si no tuviera nada que ver con nosotros. En segundo lugar, si a un chico le apuñalan en una discoteca y se muere en la calle, la discoteca tiene exactamente el mismo problema que si le apuñalan y se muere en la pista de baile. En tercer y último lugar, lo de sacar a la gente fuera es una recomendación de los propios sanitarios, precisamente para no tener que cruzar ellos esa zona llena de gente, que va a dificultar su trabajo. Por otro lado, y ante la posibilidad de que el agresor siga en la discoteca, sacarle de allí es la mejor manera de que no le vuelvan a apuñalar, de tener controlada la zona y de poder echarle una mano, porque en la discoteca no hay hueco para hacer las cosas más mínimas de primeros auxilios.

Llegamos al exterior, donde ya se podía respirar y estábamos algo más tranquilos. Le tumbé en el suelo. El chico estaba muy asustado, pero consciente. No paraba de repetir: «¿Qué me han hecho? ¿Qué me han hecho?». Yo intenté calmarle, le dije que no hablara, le expliqué lo que le había pasado, pero le indiqué todo el tiempo que se trataba de una herida que podíamos controlar y que la ambulancia iba a llegar rápido. Hice todo lo posible por mantenerle tranquilo y evitando que se durmiera. Presioné la herida con la mano para que no saliera más sangre. En esas situaciones, lo más importante es que tú también estés tranquilo, que transmitas esa calma. Si tú te pones nervioso, estás perdido.

La ambulancia no tardó mucho en llegar. Cuando llegó, la intervención fue muy rápida. Lo que era una cuenta atrás se volvió un revuelo de sanitarios, vías, vendajes y salida hacia el hospital a toda velocidad.

Cuando se fueron, de pronto, me quedé con una extraña sensación de vacío. Ahí es cuando toda la adrenalina que te ha generado el evento y toda la tensión que has tenido que controlar para gestionar la situación se te viene encima. Te golpea como una ola y te deja abatido física y emocionalmente. Además, ni siquiera sabes si lo que has hecho ha servido para algo o no, si vivirá o finalmente morirá. O, bueno, eres consciente de que ha servido para algo, pero no sabes si lo suficiente. Tampoco sabes si el chico te recordará o no.

Lo peor es que, en medio de esa situación emocional —y física también, porque has estado muy tenso durante un rato—, se impone la rutina del trabajo. La noche sigue, tienes más trabajo, la discoteca no ha cerrado y debes continuar como si nada hubiera pasado. Has tenido en tus manos la vida de alguien durante unos minutos y has estado hablando con esa persona. Poco después todo ha terminado, vuestras vidas se separan y quizás ya no lo vuelvas a ver nunca más. Es una sensación muy extraña y, aunque estés acostumbrado a estas cosas y las caras de los clientes a ti también se te terminen por borrar, hay experiencias más fuertes que otras; momentos que se pierden en la rutina y otros que se quedan a tu lado y los recuerdas toda la vida.

Tal como yo pensaba, el agresor ya se había ido para cuando llegamos a ayudar al chaval. En las cámaras de la discoteca pudimos ver cómo se escabullía por una de las salidas de emergencia. Sabía lo que estaba haciendo. Conocía el local, probablemente de haber venido otras veces. Sabía dónde estaban las salidas, dónde estábamos nosotros y dónde estaban las cámaras, por lo que se movió sin que le pudiéramos ver. No es que fuera el conocimiento de un experto. No es que la agresión estuviera pensada, es más bien que, cuando vas por ahí con un cuchillo y estás dispuesto a hacer daño a otra persona, el cuerpo y la cabeza se te preparan también para salir de ahí volando. Te tapas la cabeza o la bajas para que no se te distinga y todo lo que haga falta. Tampoco es que hubiera estado estudiando las cámaras del local, que, por otro lado, no están para grabar a la gente, sino para cuestiones de seguridad de otro tipo relacionadas con los empleados (por ejemplo, graban la caja para controlar que nadie roba). Las cámaras de seguridad no se ponen para vigilar a la gente, para eso estamos nosotros. Pero el trabajo es mucho más difícil si no se respetan los aforos. Estos existen por razones importantes. Vuelvo al ejemplo que decía antes de Joy Eslava y el incendio: mil doscientas personas fueron evacuadas a toda velocidad y solo unas pocas resultaron intoxicadas. Pero hay situaciones que no puedes manejar porque, literalmente, no llegas a tiempo. Afortunadamente, en este caso conseguimos evitar un mal mayor, pero si hubiéramos llegado antes, en el momento en que empezó el lío, quizás podríamos haber evitado la puñalada. No soy un iluso, igual habríamos acabado llevándonosla nosotros, pero, incluso en ese caso, forma parte de nuestro trabajo exponerse a situaciones de peligro. Estamos ahí para que no le pase nada a la gente que se está divirtiendo, así que, si tienes un susto, ya lo hemos dicho, son gajes del oficio.

Todo aquello sucedió un sábado por la noche. A la semana siguiente, el jueves o el viernes, me acerqué a la comisaría de referencia de la zona donde estaba la discoteca para preguntar si sabían algo del chaval. Llevaba toda la semana inquieto, nervioso, con la preocupación por lo que podía haber pasado. Me dijeron que, por lo que ellos sabían, el corte no había llegado a ningún órgano importante, pero que no tenían mucha más información. Con esa noticia ya me quedé más tranquilo, sabiendo que seguramente se había salvado. Era algo que quedaba para mí, era por mi tranquilidad. Nadie me había pedido que averiguara qué había sido del chico o preguntado por él, pero yo necesitaba saberlo.

La historia, sin embargo, no terminó ahí.

A las tres o cuatro semanas del suceso, yo estaba haciendo mi turno en la misma discoteca, que de nuevo seguía sin respetar los aforos. Esta vez yo estaba arriba, en la puerta. De pronto, vi venir por la calle al muchacho en cuestión. Ya le habían dado el alta. Se acercó a mí y me dio las gracias por todo lo que había hecho. Me hizo muchísima ilusión, claro. Saber que lo que has hecho ha sido útil está bien, saber que le has salvado la vida a alguien es aún mejor, aunque honestamente preferirías no tener nunca que enfrentar situaciones así. Lo más raro es que además te lo agradezcan. Lo normal es que la relación con los porteros, incluso con los que te ayudan en un momento dado, ya sea parando una pelea o evitando una agresión, sea más distante. Normalmente no se nos ve como aliados cuando alguien está en problemas. No son tantas las veces que alguien que no es trabajador de una discoteca viene a pedirnos ayuda o a contarnos una situación que está viviendo. Los que trabajan en la discoteca sí lo hacen; la gente que está ahí pasándoselo bien, no mucho. Entonces se produce una especie de…, no sé cómo llamarlo, distancia, quizás, que hace que los agradecimientos te resulten extraños, pero son cosas que te animan un montón en el trabajo, que le dan también sentido y hacen que te sientas más útil.

Le agradecí el gesto al chico, me dijo que había estado de reposo, pero que ya estaba bien, y se volvió a meter en la discoteca como si nada hubiera pasado.

Recuerdo mucho ese día y me gustaría decir que es lo más fuerte que me ha pasado nunca en una discoteca, pero lamentablemente no lo es. Hay más historias parecidas: la siguiente tiene que ver con tomar una decisión por puro instinto y creo que dice mucho de lo que significa ser portero, tanto a nivel humano como profesional.

10

Evitar una violación

Esta otra historia sucedió también en la discoteca que no respetaba el aforo. Ya hemos comentado el problema que se crea cuando la discoteca deja entrar a demasiada gente (no puedes acceder fácilmente si hay un incidente en un sitio concreto), pero hay otro añadido. Cuando no haces criba en la puerta y dejas entrar por defecto a todo el mundo, una parte esencial de nuestro trabajo como porteros desaparece y no podemos ejercer nuestra función como es debido. Nuestro trabajo implica discriminar en la puerta quién puede ser un problema si le dejamos pasar y quién no. Luego lo podremos hacer mejor o peor, pero lo que hay detrás de esas decisiones, que normalmente a la gente le parecen tan injustas, no es más que eso: un mecanismo para evitar problemas.

En el sitio del que os hablo no había ese control; entraba todo el mundo. De esa forma, los problemas se multiplican y la capacidad para resolverlos disminuye, pero, bueno, así era la cosa y nosotros no podíamos hacer nada al respecto.

El caso es que venía a la discoteca un tipo al que, siguiendo el criterio que comentaba antes, dejábamos pasar. Era una persona discreta, aparentemente tranquila, que no daba problemas... Pero venía solo. ¿Conocéis a alguien que vaya solo a una discoteca? Yo tampoco. Todo el mundo va a discotecas con amigos. ¿Alguien solo en un bar? Es perfectamente posible y no es sospechoso, pero alguien solo en una discoteca es alguien en quien te fijas inevitablemente. Y eso hacía. Lo hacía yo y lo hacían mis compañeros. Ya que no podíamos evitar que entrara, le teníamos lo más controlado posible dentro, que no era tarea sencilla, por la cantidad de gente que había en el local, pero, bueno, hacíamos lo posible por tenerle controlado.

Además, se daba otra cosa rara. No se trataba únicamente de que viniera solo, es que venía solo muy a menudo. Eso volvía su presencia aún más extraña. Ir una vez solo a una discoteca..., pues entra dentro de lo posible. ¿Pero hacerlo sistemáticamente y siempre solo? ¿Es que no tenía amigos? ¿No conocía a nadie? Os digo más, si venía frecuentemente a la discoteca, ¿por qué no había establecido relaciones allí con los grupos que iban de manera habitual? La sensación que daba no era que estuviera solo, sino que no quería estar con nadie. Quería mantenerse aislado. Luego, su forma de estar en la discoteca era también extraña, como a la espera, mirando, estando pero sin estar y solo algunas veces tomando algo con alguien o invitando, pero de forma retraída, como para no llamar la atención.

La noche en la que pasó todo yo estaba en la puerta con otro compañero. Como tantas noches, este tipo había aparecido y le habíamos dejado pasar, pero no sabíamos si había ocurrido algo con él abajo. En principio no pasó nada. Era una noche normal y el extraño cliente habitual. Pero más tarde le vimos salir y no iba solo. Salía acompañando a una chica joven. Él andaría por los treinta años, la chica tendría dieciocho o veinte años e iba muy borracha, no se tenía en pie. La llevaba cogida por la cintura, pero ella no se movía bien ni con ese apoyo. Si la hubiera soltado, se habría caído, porque iba medio arrastrando los pies y tropezándose. Nos dimos cuenta inmediatamente de que la situación era muy rara y muy sospechosa. Así que mi compañero y yo tuvimos una intuición, una corazonada, o simplemente vimos lo que teníamos delante y lo que llevábamos viendo muchas noches. Un tío que va sistemáticamente solo a discotecas saliendo de una con una chica más joven que él que no se tiene en pie. Blanco y en botella. Pero no sabíamos exactamente lo que iba a hacer, qué plan tenía, aunque las intenciones estaban claras y era muy evidente que muy lejos no iba a ir con esa chica, porque la pobre se estaba cayendo de la borrachera.

Hago un pequeño paréntesis aquí para decir que nunca llegamos a saber si la chica estaba solo borracha o había tomado algún otro tipo de sustancia o si él se la había puesto en la copa. Eso no lo supimos porque no estábamos dentro de la discoteca, solo fuera.

El caso es que, al ver la situación, decidimos hacer algo y seguirle. Implicaba dejar la puerta de la discoteca sola, pero pensamos que lo que estaba pasando era más grave y, además, si no había control de aforo, ¿qué más daba que nos fuéramos un momento de la puerta? Fue la mejor decisión posible, porque ya podéis imaginar lo que estaba pasando.

Habían caminado apenas nada, unos veinte metros. A la que dejó de ver la puerta de la discoteca y encontró un portal en el que meterse con la chica, eso hizo. Nosotros le vimos entrar, aceleramos el paso, pero, cuando llegamos, no se le veía y la puerta estaba cerrada. Estábamos seguros de que había entrado ahí. Intentamos abrir la puerta, pero no había manera. Primero pensamos en esperar a que alguien se acercara y abriera la puerta, desde dentro o desde la calle, pero los minutos pasaban y nadie entraba ni salía. Teníamos que hacer algo. Era posible que el tipo hubiera entrado en su propia casa, pero no lo creíamos. No parecía vivir ahí, tan cerca de la discoteca. La sensación que daba era que había ido al primer sitio tranquilo donde había encontrado una ocasión, coincidiendo con que de ese portal había salido alguien. No tenía llaves de ahí, se había colado.

Finalmente, tomamos la decisión de que la urgencia era más importante que el descanso. Eran las tres de la madrugada, pero nos pusimos a llamar al telefonillo de todos los pisos como locos. Uno tras otro. Si estaba en una casa, no íbamos a poder hacer nada, pero si no… Cuando nos empezaron a contestar desde los distintos pisos mentimos de la forma más útil que se nos ocurrió en aquel momento y empezamos a decir que éramos policías.

—Soy policía, ¡por favor, abra la puerta!

—¡Es la policía, es un asunto de la policía! ¡La puerta, abra la puerta, por favor!

Eso decíamos. Hasta que alguien abrió. No tengo ni idea de qué vecino fue, pero lo hizo, nos dejó entrar.

En cuanto la puerta estaba abierta, nos metimos en el interior. Era un portal que tenía unas escaleras nada más entrar, en el lado izquierdo, pero luego tenía un pasillo largo a la derecha, donde estaban los buzones. Era el típico pasillo que da a un patio interior donde están los contadores y el sistema de luces del edificio. Según entramos, pudimos distinguir que el tipo estaba al fondo. Tenía los pantalones bajados.

Corrimos hacia allí y le agarramos. Cuando llegamos, nos dimos cuenta de que, afortunadamente, habíamos llegado a tiempo. La chica estaba tendida en el suelo. No estaba inconsciente, pero desde luego no tenía pleno uso de sus facultades. Como ya he dicho, el tipo aún no había hecho nada. Eso me lleva a pensar que el rato que estuvimos fuera llamando a los telefonillos fue en realidad más corto de lo que se me hizo a mí, porque cuando estábamos esperando para entrar cada segundo se me hacía larguísimo. Era evidente lo que iba a pasar dentro y, cuanto antes llegáramos, mejor. Afortunadamente, lo logramos. Cuando le agarramos, el tipo respondió y se intentó revolver, pero le redujimos —no voy a mentir, le redujimos de la manera más contundente que pudimos— con facilidad. Después de reducirle, avisamos a la policía y le sacamos fuera a empujones. Uno de nosotros se quedó con la chica, que, como os decía, estaba desorientada y muy borracha, pero por suerte no había sufrido ninguna agresión.

La policía llegó muy rápido; había una comisaría cerca y siempre había dispositivos por la zona de la discoteca y alrededores, porque era en una zona de mucho bar, mucha salida nocturna, etcétera. Mientras esperábamos a que la policía llegara y se lo llevara, vinieron los amigos de la chica desde la discoteca. Se habían enterado de lo que había pasado y la estaban buscando. Les explicamos lo que había sucedido y lo que habíamos hecho. Ella se fue con ellos. Prácticamente no cruzamos palabra, fue algo mucho más fugaz. Si soy sincero, no creo que se diera cuenta de nuestra presencia en ese momento. Como os decía, afortunadamente la cosa no había ido a mayores. Cuando la policía llegó, detuvo al tipo y se lo llevó de allí.

La sensación que se te queda con una cosa así es mucho más dura que con la historia anterior de la puñalada. Todo es mucho más perverso, más premeditado y organizado, más sistemático. Ese día tuvimos la suerte de estar atentos, pero… ¿y si otras veces se nos pasó? Se me hiela la sangre pensando en eso.

Lo último que hicimos fue avisar al resto de las discotecas de lo que había pasado y pasarles a los porteros una descripción del tipo en cuestión. Es algo que hacemos con cierta regularidad, porque nos conocemos, muchos hemos compartido trabajos y el número de discotecas y locales de este tipo es limitado, por lo que, si está pasando algo, es fácil saberlo.

Por ejemplo, cuando ha habido situaciones de robo de móviles, en las que de pronto una noche pillas a alguien con cuatro o cinco móviles, pues avisas a los demás, porque ese vive de robar y vender móviles y lo más seguro es que de una discoteca se vaya a otra cercana, con lo que lo va a volver a intentar. Esos son más difíciles de identificar. La gente que se dedica al robo de móviles es mucho más sutil; van disfrazados, no es tan fácil pillarlos. A veces tenemos la suerte en la discoteca de que alguien se da cuenta de que le están quitando el móvil, avisa y de pronto descubres que el tío que lo ha hecho ha robado ya seis o siete, que igual la mitad son de otra discoteca.

Me gustaría que esta historia tuviera un final más tranquilo, más edificante, que sintiéramos que se había hecho justicia, pero lo cierto es que unos meses después de lo sucedido volvimos a ver al mismo tío intentando entrar en la misma discoteca estando nosotros de guardia. Lo echamos y dimos el aviso. Pero ¿qué clase de impunidad tienes que sentir para volver al sitio donde ya te han pillado a ver si cuela? Eso me dejó muchísimo desasosiego, mucha sensación de impotencia. De la chica no volvimos a saber nada.

Hemos tenido otros casos así. En una ocasión subió una chica que nos dijo que le habían echado algo en la bebida. Le preguntamos si sabía quién y nos señaló a un chico que seguía en la discoteca. Fuimos a buscarle y le sacamos por la puerta de emergencia. Le dije:

—Te vas a quedar conmigo hasta que venga la policía.

El tipo decía que no había hecho nada y, cuando llegó la policía, resulta que tenía antecedentes. De hecho, a mí me sonaba su cara. La chica, después de habernos avisado, se puso malísima con lo que le había echado en la copa. Estuvo dos días en la UCI. Estaba totalmente zombi.

Hay algo más que quería decir sobre esto. He explicado al principio los argumentos por los que el tipo nos parecía raro, pero lo cierto es que más allá de que fuera solo, a todos los porteros de la discoteca no nos gustaba su actitud y no sabría explicar exactamente por qué. Quizás hay algo en la mirada, en la forma de hablar o de moverse, de resultar esquivo. Pero esa misma actitud no la ves rara en otras personas o no te llama la atención de esa manera. Hay un «algo» que te avisa de que hay algún tipo de peligro potencial. Yo lo identifico con una especie de instinto profesional. Es una alarma que se me activa cuando veo a alguien y le digo: «No, lo siento, tú no puedes pasar». Esa alarma, ese sentimiento de protección, eso es lo que en realidad me hace ser bueno en mi trabajo. Por eso supongo que ciertas personas tienen la sensación es que somos arbitrarios, porque, a pesar de que vemos a gente con la misma ropa y con el mismo aspecto, a unos les decimos que sí y a otros que no. Es cierto, a veces no es algo tan objetivo, pero nos equivocamos muy poco. El presentimiento de que alguien que tienes delante te la va a liar, esa sensación de que tu cuerpo se pone a la defensiva, se pone en alerta, eso falla poquísimo. Pasa lo mismo con las actitudes no desafiantes, pero esquivas. Cuando entra alguien en una discoteca simplemente a lo suyo, no hay problema, pero cuando tienes la sensación de que está haciendo todo lo posible por que no te fijes en él, malo. Y eso lo notas por la experiencia previa. Y por eso tiene sentido estar en la puerta de una discoteca diciendo «tú sí, tú no». Alguna vez le he dicho a alguien que no podía pasar porque me fie de las pintas que llevaba y no del instinto. La segunda vez que vino sí le dejé entrar. El instinto no me fallaba. Era un buen chaval. No son las pintas el problema, es la sensación que te da, la actitud que tiene.

Me gustaría poder contaros que esto es lo más duro y lo más traumático que me ha pasado en una discoteca, pero no es así. Yo mismo he vivido alguna situación complicada en mis propias carnes, pero nada tan terrible como lo que le pasó a mi hermano. Quizás si me hubiera pasado a mí de forma directa, lo llevaría de otra manera, pero ver pasarlo mal a una persona que quieres y respetas tanto, que es de tu familia, es otro nivel. Esta historia tiene que ver con un golpe en la cara, una amenaza policial... y mi hermano.

11

El lío final

Esta es la última de las tres historias que quería contar. La más dura para mí y la que hizo que mi vida volviera a dar un giro. Empecemos por el principio.

Otra de las discotecas en las que trabajaba los fines de semana a principios de los dos mil estaba muy de moda en ese momento. Acababa de salir la primera edición de *Gran Hermano*, que había tenido mucho éxito, y los participantes venían a la discoteca. Eso suponía una atención enorme sobre el local y mucha atracción de gente. Era uno de esos sitios que se llenaba siempre. Todo el mundo quería estar allí y encontraba el lugar muy atractivo.

En resumen, todos los jóvenes de todos los rincones de Madrid querían entrar. Eso quería decir que muchos jóvenes de muchos sitios no iban a poder entrar, porque no solo era un local muy conocido, también era muy exclusivo. No era como esas otras discotecas que no controlaban el aforo de las que os he hablado, ni mucho menos. Aquí, si conseguías entrar, era un sitio estupendo donde pasarlo muy bien. Pero, si no conseguías entrar, siempre tenías a los porteros para pagar con ellos que no te hubieran dejado. Resulta que *exclusivo* y *famoso* son dos palabras que se dan un poco de patadas y, en medio de esas dos tendencias, tomando las decisiones, estaban los porteros de la discoteca. Es decir, mis compañeros y yo.

Teníamos que seleccionar mucho quién entraba y quién no, con lo que la puerta era un hervidero de problemas. Le decías a la gente que no e intentaba entrar. Volvías a decirles que no y se empezaban a agrupar. La sensación era muy tensa todo el rato, por lo que se provocaban peleas prácticamente todas las noches. Una pelea cada noche quiere decir una llamada (normalmente más) a la policía cada noche. Todas las noches de todos los fines de semana tenía que intervenir la policía. A veces más de una vez. Los jueves, viernes y sábados las intervenciones eran constantes y estaban hasta las narices de nosotros. Éramos una fuente de problemas y de exceso de trabajo constante para ellos. El problema es que los porteros no teníamos la culpa de la situación. No podíamos evitar que la discoteca tuviera fama, no podíamos evitar que el aforo fuera el que era ni que la política de la discoteca fuera tan exclusiva. Nada de eso dependía de nosotros. Tampoco dependía de nosotros la actitud de la gente de fuera, provocada sobre todo por la frustración, la aglomeración de gente y también cierta repetición de la costumbre. La cosa ya no era «Vamos a tal sitio a bailar y pasarlo bien», no. Era «Vamos a ver si esta noche nos dejan entrar de una vez».

La situación generaba sobre todo peleas. Peleas de llegar a los puños, de lesiones, de labios rotos, de botellas rotas, de muchísimo lío. Y la policía decidió pagarlo con los que de forma natural éramos sus aliados en esto: nosotros. Éramos cinco compañeros y no es que hubiera uno que fuera más nervioso o le gustaran más las peleas. Ya os he explicado que alguien así dura poco. Cuando algo ocurre todo el tiempo, fin de semana tras fin de semana, es que el problema está en otro lado. Aun así, decidieron que la culpa era nuestra.

Un fin de semana en el que estábamos trabajando apareció de pronto el comisario de la policía de la zona con un séquito de agentes. Era un despliegue que no habíamos visto en la vida. La intención, claro, era demostrar fuerza e impresionarnos. Lo cual no tenía mucho sentido, porque nosotros no es que disfrutáramos precisamente teniendo que llamar a la policía cada dos por tres. Total, que el comisario nos dijo que, si volvíamos a tener una pelea, lo íbamos a pagar caro. Así, tal cual. Nos quedamos helados. Era como si al problema que ya teníamos le pusieran otra buena capa de problemas encima y perdiéramos por el camino a las personas que sí tenían autoridad para detener gente.

Era dejarnos vendidos; ellos tenían que saber que era imposible que la situación no se repitiera. Porque, insisto, en una discoteca, tarde o temprano vas a tener líos y, en esa en concreto, teníamos líos todo el rato. Así que no podíamos esquivar la amenaza. No había nada que pudiéramos hacer para abordar el asunto. Se te queda cara de imbécil y empiezas a inquietarte por lo que pasará la siguiente vez que ocurra algo.

Y pasó.

Pasó, claro, porque siempre termina pasando. Y además no tardó mucho. Al fin de semana siguiente, se lio de nuevo y el que pagó los platos rotos fue mi hermano.

Esa noche, la relación de porteros a «gente que la está liando» era de dos a uno. Cada uno de nosotros intentaba controlar a un par de personas que estaban provocando problemas en la zona de la puerta. Mi hermano tenía delante a un tío que llevaba gafas. En un momento dado, un compañero nuestro le dio un puñetazo a ese chico y le rompió la mandíbula. Un puñetazo fortísimo, muy duro. La policía apareció y aparentemente se resolvió el tema, pero al día siguiente, de pronto, llamaron a mi hermano a comisaría. Él fue pensando que era algo rutinario, que enseguida se resolvería. Había quedado con su pareja para ir al cine después. En vez de eso, le dejaron detenido. Como era el que estaba delante en el momento del golpe, el chico dijo que había sido mi hermano. Le identificó. Pero mi hermano no había tenido nada que ver. Era imposible que hubiera sido él, porque ese golpe se lo dieron con la mano derecha y, en ese momento, Ángel tenía la mano escayolada. Le identificó entonces y le identificó también en la rueda de reconocimiento, pero, claro, la rueda de reconocimiento era de coña. Estaba mi hermano, que es un tío grande y corpulento, al lado de gente de complexión normalita e incluso algo tirillas. Pues, claro, de entre esos, el que más se parece es el portero. Y así fue. Nosotros teníamos testigos para dejarlo claro y también las grabaciones de las cámaras de seguridad de la discoteca. Pero no aceptaron las cámaras como prueba porque en el local no había un cartel que indicara que las personas que estaban allí podían ser grabadas. ¡Pero vieron el vídeo! Vieron un vídeo en el que se demostraba que mi hermano no era el responsable. No lo aceptaron como prueba, pero sabían lo que había pasado.

Dio igual; a pesar de las pruebas que aportamos, fue mi hermano el que salió como responsable y acusado. Ninguno de los otros compañeros dijo nada. El compañero que había dado el golpe no dijo ni mu, solo que no sabía nada de lo sucedido. Quizás debería empezar a poner lo de *compañero* entre comillas. Mi hermano tampoco le incriminó. Se trataba, en todo caso, de que saliera él y asumiera su responsabilidad. Que no lo hizo, pues no lo hizo, pero nosotros no somos chivatos. Ese tipo de dinámicas hacen mucho daño al interior de un grupo que es también un grupo humano, que somos amigos, nos conocemos y nos cuidamos.

Estando mi hermano detenido nos llamaron de la comisaría para que fuera yo. Se me heló la sangre. No sabía si me iban a acusar a mí de algo. No tenía ningún sentido, pero nada lo tenía en ese momento. Recuerdo despedirme de mi pareja sin saber si iba a volver o me iban a detener y me iba a tener que quedar allí. Salí con una muda de repuesto por si acaso. Le dije a mi pareja que si no volvía que avisara a mis padres y les explicara que yo también estaba detenido. Llegué a la comisaría, en un ambiente tensísimo, y me empezaron a preguntar por lo sucedido. Yo iba respondiendo con la información que tenía, explicando que mi hermano no había sido y que, además, pegar a una persona con gafas es muy peligroso, porque le puedes sacar un ojo con los cristales y cortarte tú. Y mi hermano no tenía ningún corte ni nada parecido. Expliqué también que mi hermano no tenía ninguna necesidad de pegar a nadie en esa situación, porque la tenía controlada. Lo expliqué todo lo más tranquilo que pude, aunque por dentro estaba muerto de miedo, esa es la verdad. Cuando entendí que había acabado el interrogatorio, se hizo un silencio. Un silencio pesado, largo. Yo murmuré un «¿Me puedo ir?» y el policía me dijo: «Sí, ya se puede usted marchar». Tengo grabadas esas palabras en la cabeza. Las palabras y el tono. Se te quita un peso de encima, pero solo relativamente, porque no podía dejar de pensar en mi hermano solo ahí dentro sin ningún tipo de apoyo. Fui además con otro compañero y era todo muy extraño y muy tenso entre nosotros. Nadie decía que mi hermano no había sido, ninguno decía nada.

El juez no aceptó nuestros testimonios ni la grabación y condenó a cárcel a mi hermano. Cárcel o una fianza de doce mil euros. Mientras no consiguiéramos el dinero, mi hermano iba a estar en Soto del Real. Era como una pesadilla. Cualquiera que haya seguido la historia hasta aquí sabe que las posibilidades que tenía mi hermano, yo mismo o cualquier persona de mi familia de juntar doce mil euros eran ninguna. Era imposible. Trabajábamos en discotecas porque no teníamos más remedio, buscando apaños donde fuera para salir adelante. Aquellos doce mil euros eran como la tapa de un ataúd. No podíamos sacar a mi hermano de la cárcel. Al final, conseguimos que la fianza la pagara la discoteca. La verdad es que se portaron muy bien. Cuando nos dijeron que nos iban a dar el dinero, no nos lo podíamos creer. Fue una alegría enorme, como ver el final de todo lo que había pasado, de cómo había cambiado todo nuestro mundo tan rápido. En total, entre el tiempo que estuvo detenido por la policía y la sentencia del juez hasta que juntamos los doce mil euros, estuvo cinco días encerrado, entre los calabozos de la policía y la cárcel.

En la discoteca nos dieron el dinero porque tenían claro, como lo teníamos todos en ese momento, que estaban usando el caso de mi hermano para dar algún tipo de ejemplo y castigarnos. Teníamos encima la amenaza del comisario y se trataba de atacar a quien menos posibilidades tenía de defenderse. Al final, mi hermano salió gracias a la fianza y no estuvo mucho tiempo, aunque en ese momento cada día parecía una eternidad. Eso sí, salió con antecedentes. No conozco a nadie que haya tenido esa pena por lo que pasó. Absolutamente a nadie. Culpables o inocentes. Nadie. Imaginad si encima no habías hecho nada.

Fue algo tan traumático que dejamos de trabajar en la noche. Se acabó. No podíamos seguir. Estábamos asustados, teníamos metido el miedo en el cuerpo y no podíamos trabajar. Así no podíamos. Y, además, se había roto cualquier tipo de hermandad y confianza con los otros compañeros. Se acabó con ellos. Los volvimos a ver en el juicio, pero ahí ni siquiera nos saludamos. Hemos tardado años en superar lo que sucedió, en que se nos fuera de la cabeza. Aún hoy, cuando ocurre cualquier cosa de las que pasan en una discoteca, yo tengo siempre en la cabeza lo cerca que estás de encontrarte con un problema muy gordo.

Lo más curioso es que hace unos meses uno de ellos vino a verme a la discoteca en la que estoy ahora. Se había enterado de que andaba por allí gracias a TikTok. Vino y me felicitó de forma efusiva por lo que estaba haciendo en las redes sociales. Fue un momento extraño, incómodo. Él me trataba como si aquello jamás hubiera ocurrido, pero yo solo tenía en la cabeza lo que sí había pasado. Fui, por supuesto, educado y cordial, pero en el fondo quería que se fuera. No quería afrontar esa situación y encima tener que mantener una cordialidad falsa cuando en el fondo estás triste o dolido por todo aquello.

Aquello fue lo más duro, lo más difícil que nos ha pasado en el trabajo. La sensación de injusticia y de que podía volver a pasarnos se nos quedó en el cuerpo, pero, sobre todo, lo que más nos afectó fue la pérdida de confianza con el resto de los compañeros, la sensación de encubrimiento. No. Teníamos que salir de todo aquello, cambiar de vida, hacer otras cosas. Así fue como se terminó mi primera gran fase de trabajo en las discotecas. De nuevo me tocaba buscarme la vida, pero esta vez lo iba a hacer de una forma más tranquila. O al menos esos eran mis planes iniciales, alejarme de todo, aislarme y poner mi pequeño negocio. Tener por primera vez algo mío, pero en esta ocasión otra cosa se cruzó en mi camino. Un desafío deportivo. Me iba a convertir en *strongman.*

12

Chloe en la tienda de nutrición

Mi pareja de entonces encontró trabajo como conductora de autobuses en Aranjuez, y eso nos vino de maravilla para alejarnos de todo lo que tenía que ver con las discotecas, Madrid y la noche. Para cualquier otro, «alejarse de la noche» suena a alejarse de la fiesta. En mi caso, era alejarse de un trabajo que nos había hecho mucho daño a mi hermano y a mí. Así que nos mudamos y yo empecé a buscar nuevas ocupaciones.

Estuve un tiempo como guardia de seguridad, aunque el trabajo en el que más tiempo pasé fue uno en una fábrica de plástico en la zona de Noblejas. En ese empleo conseguí estabilidad y ciertos recursos. Se acabó lo de las discotecas. Mi única relación con ese mundo era echar una mano de forma muy puntual cuando en algún sitio necesitaban refuerzos. Hablo de apoyos que serían, como mucho, una vez al mes. Además, era en discotecas de la zona de Aranjuez, que por cantidad de gente y otras cosas son mucho más tranquilas, pero, incluso en ese caso, eran colaboraciones muy puntuales.

Cuando llevaba cinco años en la fábrica decidí que era el momento de dar el paso en otra dirección y montar mi propia tienda de nutrición en Aranjuez. A lo largo de mi vida ha habido decisiones laborales que he tomado, buenas o malas, porque no me quedaba más remedio y, en algunos momentos puntuales, los menos, he tomado otras que también podrían ser buenas o malas, pero que elegí libremente, porque quería. Abrir la tienda forma parte de este segundo tipo, de las que haces por gusto y por elección.

La tienda vino a mi vida en un momento especialmente dulce en el que estaba también implicado con el deporte, porque ya estaba compitiendo como *strongman.* Estos dos periodos se entrecruzan y este capítulo podría contarse después del siguiente, donde explicaré cómo entré en ese mundo de la competición deportiva. El orden es lo de menos, porque los dos van entrelazados. Lo importante es que no se puede entender la decisión de la tienda sin el *strongman* y no se puede entender hacerme *strongman* sin la tienda: las dos cosas van unidas para mí, representan cosas muy similares.

Gracias a los cinco años que trabajé en aquella fábrica pude juntar el dinero del finiquito que me dieron al salir con el paro, que solicité agrupado en un único pago. Con esas dos fuentes de recursos conseguí levantar la tienda y, como además con el dinero del paro afrontaba las cuotas de la Seguridad Social, eso me dio estabilidad suficiente para ponerlo todo en marcha y mantenerlo hasta que la tienda se sostuvo sola.

Estaba en un local alquilado en una calle conocida en Aranjuez y los primeros años fue fenomenal. Era un sueño que yo creo que tenía desde siempre. Con dieciocho o diecinueve años me saqué la titulación de entrenador personal y nutrición deportiva. Todo lo relacionado con estos asuntos siempre me ha gustado mucho, pero jamás había trabajado en ese mundo. Era como si las cosas que había hecho en mi vida muchos años atrás —y que en su momento parecían pasos hacia ninguna parte o no tenían una salida clara— de pronto se hubieran alineado y, por primera vez, había logrado hacer lo que yo quería. En cierta medida, y salvando las distancias, la experiencia de la tienda era similar a mi deseo de ser encargado en el Bodybell, pero con cosas que me gustaban mucho más, que me interesaban mucho más y siendo yo el dueño absoluto.

Me encantaba la tienda. Como mi pareja estaba trabajando con el autobús, yo pasaba muchas horas en el local con mi segunda hija, que era aún muy pequeña y teníamos que cuidar de ella. Me tiraba allí desde las siete de la mañana hasta las diez de la noche si hacía falta. Me gustaba mucho y, además, se convirtió en un pequeño (o no tan pequeño) centro neurálgico para la gente a la que le gustaba el deporte, la musculación, el mundo del *strongman* y el entrenamiento en la zona. Un mundo que quizás no era enorme, pero sin duda era el mío, donde yo me sentía más a gusto. Me hice conocido gracias a la competición deportiva y gracias también a la tienda.

¿Qué hacíamos en la tienda? Mucha gente venía buscando suplementación deportiva. Yo les explicaba lo que necesitaban. Si era más proteína o algo termogénico... Les hacía dietas y también seguimientos. Llevaba muchos clientes, porque ya os he dicho que me había ido haciendo un hueco y era conocido. Vendíamos sobre todo productos de nutrición a deportistas, corredores, gente que va al gimnasio, etcétera. Funcionaba muy bien. Además de la venta, yo también diseñaba la suplementación para los clientes que lo solicitaban y hacía entrenamientos personalizados en gimnasio. Ayudaba a la gente que tenía aficiones muy similares a las mías y con eso se mantenía el negocio. Para mí, era perfecto.

Una de las personas a las que eché una mano en esa época fue mi amigo Alberto. Se puede decir que es el primer fan que he tenido en la vida. Era un chavalito joven de Villaconejos que venía a verme entrenar cada dos por tres y que tenía nada menos que un póster mío en la nevera de su casa. Era un tío muy delgadito, pero tenía rabia, tenía ganas y cojones. Quería aprender, así que le fabriqué las pruebas para que pudiera entrenar con sistemas a su medida y le acompañé en todo el proceso de formación deportiva. Le adapté las pruebas, le puse una dieta y, cuando estuvo fuerte y preparado, empezó a competir también. Es una persona que empezó de fan, luego se hizo amigo y finalmente ha terminado por ser compañero de trabajo, porque, antes de que yo volviera a trabajar de portero, le mandé a Velvet (justo la discoteca en la que estoy ahora) a que aprendiera el oficio y a que ganara algo de dinero. Le dije lo que digo siempre a las personas que empiezan: que estén calladas, que observen y que aprendan. Nos tenemos mucha estima y me parece un ejemplo perfecto del tipo de cosas que pasaban en la tienda y por qué era un sitio muy importante para mí que recuerdo con muchísima felicidad.

Otra de las grandes historias de ese periodo es que me regalaron por esas fechas un loro gris africano. Se llamaba Chloe. También me lo llevaba a la tienda día sí, día también. El loro era uno más de los que estábamos allí y se empezó a convertir en costumbre que algunos amigos policías, cuando estaban de descanso o iban a por un café, se pasaran por la tienda para ver cómo estábamos Chloe y yo. Ahí compartíamos conversación y anécdotas. La cosa es que un día yo no había llevado a Chloe, no recuerdo el motivo, pero no estaba por allí. Yo estaba en la tienda precisamente con un amigo policía cuando me llamó mi mujer y me dijo que Chloe se había escapado. Menudo drama. Yo estaba preocupadísimo y ella ya daba al loro por perdido... Total, que le pedí a mi amigo si me podía acercar un momento a la zona a ver si encontrábamos al pájaro. Cerré la tienda, salimos hacia allí y formamos un cuadro bastante surrealista. Mi amigo no se lo podía creer. Yo iba por la calle silbando para que Chloe me escuchara. Le parecía una locura todo aquello, pero más locura le debió de parecer cuando, de pronto, vimos que Chloe respondía. Estaba en un tejado no muy lejos de mi casa. Nos fuimos para allá, le llamé y, obediente como era, vino volando y se me agarró. Mi amigo el policía estaba alucinado con toda la situación, que, afortunadamente, acabó bien.

Por si os lo estáis preguntando, sí, Chloe sigue vivo y me sigue acompañando. Siempre me han gustado los animales. Ya os he contado mi relación con mi perro Cafú, pero ahora mismo vivo con dos perros adoptados y uno más que tengo en acogida. Lo encontró mi hermana en la clínica veterinaria donde trabaja y avisó en el grupo familiar. Ante eso, dije: «Yo me hago cargo». Bueno, la verdad es que lo encontró en la clínica la señora de la limpieza, porque al pobre animal lo dejaron metido en una bolsa de plástico anudada. Sé que es peor abandonarlos en una gasolinera o tirarlos a un río, pero aun así me parece una cosa supercruel. Supongo que lo abandonaron porque estaba malo. O se puso malo porque no le cuidaban y entonces lo abandonaron. Quien me siga en TikTok ya sabrá de las andanzas de este perro, porque lo he ido contando todo por allí. Cuando yo lo cogí, estaba el pobre famélico. Intenté darle de comer, pero al principio no podía. Lo llevamos al veterinario y resulta que tenía una cuerda atada al intestino. Para que pudiera comer hemos tenido que operarlo. Y ahora es un poquito famoso en TikTok también. Se llama Bouncer, que significa 'gorila' y es como se llama a los porteros en Estados Unidos de manera despectiva. Aquí también lo dicen mucho cuando se enfadan contigo: «Puto gorila». A nada que uno sepa un poco, simplemente un poco, sobre animales, sabe que llamar *gorila* a alguien jamás se puede considerar un insulto, porque los gorilas son unas criaturas increíbles. Así que ya desde hace bastante tiempo lo de *bouncer* me lo tengo yo adoptado para mí. De hecho, antes de ser «el portero de TikTok» (y aún hoy en algunas de mis redes) usaba ese nombre, pero ahora lo tiene también mi perro de acogida. Chloe, como ya he dicho antes, sigue por ahí y además tengo cuatro gatos que he recogido de la calle. Esa es mi familia animal hoy por hoy.

La tienda siguió funcionando bien hasta que llegó la crisis de 2015-2017. Cuando todo empezó a ir mal y la gente dejó de tener dinero o trabajo, lo primero que cortaron fueron las cosas que sentían como complementarias. Eso inmediatamente afectó a la tienda, que empezó a resentirse y, según las cosas se fueron poniendo peor, la tienda las acompañó. La gente no tenía dinero para comprar complementos vitamínicos o para ir al gimnasio. Además, mucha de la gente que venía era muy joven y vivía del dinero de unos padres que no se podían permitir darles sesenta o setenta euros para un bote de proteínas. Ahí te das cuenta de cómo, cuando una persona empieza a pasarlo mal económicamente, nunca la afecta solo a ella, sino que es como una bola que se echa a rodar por una montaña y va enganchando a todos los que de alguna manera dependen de esa persona. Toda la sociedad es así. Ahí se vio. Lo que le pasaba a uno terminaba por pasarme a mí también.

Así que, casi cinco años después de abrir la tienda, me encontré de nuevo teniendo que empezar a volver a trabajar en discotecas. Primero, como complemento para cubrir los gastos de la tienda y, más tarde, porque ya no había otra cosa. Perder mi negocio fue el final triste de un periodo muy feliz, pero coincidió también con un cierre de ciclo relacionado con la parte que aún no he contado, con mi dedicación deportiva como *strongman.* Como he dicho antes, las dos historias se entrelazan y sus finales también coinciden.

La sensación que tengo cuando miro atrás, a esos acontecimientos, es que mi vida siempre ha consistido en esa tensión entre poder llevar el timón del barco y que las olas de ahí fuera no me dejaran dominarlo del todo. Había vuelto a poner las cosas en marcha y, de nuevo, elementos externos rompieron mi armonía. En cualquier caso, fue uno de los momentos más felices de mi vida y, si pudiera retomarlo en algún momento, seguro que lo haría. Nunca digas «Se acabó», porque igual que volvió ser portero, podría volver esto.

13

Strongman

Tal y como contaba antes, cuando salí de Madrid acompañando a mi pareja tuve que buscar trabajo de nuevo, pero la siguiente cosa que busqué en cuanto estuvimos instalados en Aranjuez (bueno, en Ontígola, donde vivíamos) fue un gimnasio. En todo el tiempo que he pasado trabajando, ya fuera al inicio en el Bodybell, siendo guardia de seguridad, en las distintas obras o cuando me dedicaba a ser portero, siempre he entrenado. Jamás he dejado de ir al gimnasio y de prepararme. Es una de las actividades que más me gustan y que más me relajan. Suelo ir por las mañanas pronto, para despejarme y así ya tener energía para todo el día. Al menos, siempre que puedo.

El gimnasio es algo que me ha servido siempre como un ejercicio de concentración y de competición conmigo mismo. Nunca ha estado entre mis planes entrar en la competición o hacerlo de un modo que podríamos llamar profesional, aunque las condiciones nunca han sido muy buenas para el deporte profesional y menos en estas especialidades. Lo que quiero decir es que lo hacía para mí. Siempre he entrenado ejercicios de fuerza: *press* de banca, peso muerto, sentadillas... Siempre enfocado a estar fuerte, a mejorar en esa dirección. Cuando tenía dieciocho años, levantaba 283 kilos en peso muerto. Eso es una barbaridad, es muchísimo. Lo que pasa es que yo no lo sabía. No podía saberlo, porque no tenía a nadie a mi lado que me lo dijera. No era consciente. Lo que pasó cuando empecé a ir a este gimnasio en Aranjuez es que alguien se fijó en mí y me dijo por primera vez que yo tenía unas cualidades que no sabía que tenía. Quiero decir, yo sabía que era una persona fuerte, pero no como para dedicarme a eso.

Todo empezó un día que estaba entrenando. Se me acercó una persona, que resultó ser un entrenador que había en el gimnasio. Me preguntó si yo sabía lo que era el *strongman.* Le respondí que sí, pero se lo dije como le podía haber dicho que sabía lo que era el taekwondo. No me imaginaba que me estaba diciendo que yo podría dedicarme a eso, pero así era.

El entrenador me dijo que yo era una persona que reunía cualidades para serlo, que él conocía a alguien que ya se dedicaba a eso profesionalmente y que por qué no nos poníamos en contacto. Fue un momento muy extraño de mi vida, entonces aún no tenía la tienda de nutrición y sentí por primera vez que todo eso que yo había estado preparando para nadie más que yo mismo en realidad era una preparación para ese instante. Era como si, al descubrir que yo podía ser bueno en eso —que sí me gustaba, pero que me parecía fuera de mi mundo y de «mi liga»—, otro montón de cosas encajaran. Como si de pronto pudiera hacer mucho más en mi vida que ser portero o trabajar de sol a sol en algo que no me terminaba de gustar y hacía porque no tenía más remedio. Podía ser algo más. Algo mío, que lograba yo con mi propio esfuerzo y para lo que había estado entrenando. Creo que fue por esa sensación por la que cogí el entrenamiento con tanta fuerza. En muy poco tiempo ya estaba en condiciones de competir. Y dos meses después estaba en el Arnold Strongman Europe.

Como digo, en ese momento no tenía los gastos de la tienda, así que utilicé mis ahorros para mi entrenamiento. El *strongman* tiene pruebas muy específicas que no se pueden entrenar en un gimnasio, por lo que tuve que diseñar mis propias pruebas. Esa es otra de las cosas que me gustaban tanto de ese proceso: todo me lo tenía que hacer yo. Eran MIS pruebas. Si otra persona quería entrenar, tenía que hacerse las suyas adaptadas. Y era así porque se trataba de elementos muy difíciles de conseguir. Por ejemplo, hacía falta tener un coche para volcarlo y otro para arrastrarlo, o algo que se le pareciera lo más posible. También utilizábamos maletines enormes cargados con doscientos kilos en cada mano, que también tenía que fabricar. En otra de las pruebas era necesario utilizar una cosa que se llama *yugo* y que se carga a la espalda para transportarla andando. Estamos hablando de unos cuatrocientos o quinientos kilos de peso. Lo mismo pasa con las enormes bolas de hormigón que tenemos que levantar. Todo ese material hay que hacerlo y hay que pagarlo.

En relación con el proceso todo iba bien, porque empecé, como decía, antes de abrir la tienda. Pero, cuando la abrí, mi entrenador se enfadó mucho conmigo y eso me llevó a seguir por mi cuenta. Yo entendía que lo de la tienda era algo beneficioso para todos. Como éramos amigos y él era entrenador en el gimnasio, pensaba que nos complementaríamos. Yo podía vender productos, hacer la parte de las dietas y los entrenamientos personalizados y mandarle gente también al gimnasio, pero él no estaba de acuerdo. Al revés, su reacción a todo eso fue exactamente la contraria. Yo notaba que no me hablaba, que me esquivaba o que, si coincidíamos en el gimnasio, me trataba de una manera muy fría. A mí eso no me gusta nada, porque, en mi opinión, si tienes un problema con alguien, no lo rehúyes. Lo afrontas, lo hablas, se lo dices cara a cara y se ve lo que se puede hacer. Eso fue lo que hice yo. Me fui a verle y le pregunté qué le pasaba conmigo. Me respondió algo que todavía recuerdo y que, supongo, cerró nuestra relación para siempre: «Donde hay dinero, no hay amistad». Para mí, con eso estaba todo dicho. Yo lo veía exactamente al revés. Precisamente porque había una amistad, el dinero no iba a ser un problema. Al contrario, la tienda iba a aumentar el número de personas interesadas en estas cosas en la zona y muchas cosas más. Pero con esa frase ya tuve claro que no había nada más que hacer. Así que lo dejé ahí, me marché del gimnasio y se acabó. Es una pena, pero estas cosas es mejor hacerlas así. Si no quieres nada conmigo, no quieres nada conmigo.

Entrenar también era algo complejo, porque para realizar los distintos ejercicios era necesario tener un espacio lo suficientemente grande y amplio. Hablé con el Ayuntamiento y me dejaron hacerlo en un campo de fútbol municipal. El problema era que el suelo era de los antiguos, de los de arena, muy poco firme, y enseguida me produjo lesiones. Me fastidié los dos tobillos y tenía esguinces de tercer grado. Las lesiones forman parte del deporte, pero para mí era inviable seguir allí, así que les solicité otro espacio, y la verdad es que se portaron muy bien. Me dejaron entrenar en un colegio cuando no había clases. Así que me llevé allí todos los elementos que necesitaba, incluidos los dos coches: uno para volcarlo y otro para andar con él. Iba a entrenar todos los días y mientras tanto llevaba la tienda. Estar en ese patio de colegio me recordaba a cuando esperaba a que mi hermana saliera de sus entrenamientos mientras yo jugaba al balón. Solo que ahora el balón era un yugo de quinientos kilos.

Decía antes que el deporte conlleva lesiones. Es inevitable que si compites y entrenas tengas algún tipo de problema. Se puede decir, al igual que con las peleas siendo portero, que las lesiones son gajes del oficio, pero yo no estaba preparado en absoluto para el primer gran susto de mi carrera profesional y de mi vida. No estaba preparado para que mi vida estuviera en peligro y corriera el riesgo de morir.

Todo empezó un día entrenando en el gimnasio. Estaba haciendo *press* de banca para prepararme un campeonato en España. En la serie anterior había conseguido hacerlo en doscientos veinte kilos de peso y mi entrenador me dijo: «Caben veinte kilos más, Sergio». Así que metí doscientos cuarenta kilos, una barbaridad de peso. La primera repetición salió muy bien. Tan bien que me vi capaz de hacer una segunda. Cuando inicié la segunda, noté que se me rompía el pectoral. La sensación es similar a cuando se rompe un trapo, esa especie de desgarro. Como si el interior de tu cuerpo perdiera su integridad.

Es un dolor muy fuerte. Me preocupé de inmediato y me fui al Hospital del Tajo, en Aranjuez, a que me vieran lo más rápido posible. Allí no me atendieron bien. Me dijeron que era una microrrotura, pero yo sabía que era algo más. No podía ser que ese dolor y esa sensación fueran solo *micro*. No podía ni estornudar, me moría de dolor cuando se me contraía el cuerpo. Aun así, me recetaron unos calmantes y me dijeron que me fuera para casa. Eso hice, pero, al poco rato de estar allí, empecé a tener una sensación horrible: el dolor no paraba de crecer y además tenía una inflamación tremenda y un hematoma que me recorría todo el cuerpo. Empezaba en el pecho, me bajaba por la tripa y toda la espalda y seguía hasta el gemelo. Solo eso ya era para asustarse mucho, pero es que además empecé a notar que no sentía la cara. Lo siguiente fue que empecé a perder visión, se me iba y se me venía como en un mareo y todo parecía borroso. Ahí el miedo ya era enorme. Nos fuimos corriendo al hospital de Toledo a que me atendieran como era debido.

Al llegar a Toledo, me sentaron en una sala de espera. El hospital estaba atestado de gente y yo me quedé sentado en una de esas salas pequeñas, sin ventanas, con la sensación de que todo el aire estaba viciado. No podía ni pensar. Solo me encontraba mal, cada vez peor. Vino a verme una enfermera para tomarme las constantes vitales y, según me las estaba tomando, algo debió de notar, porque llamó al doctor corriendo.

Vino un médico, que inmediatamente me metió para dentro, ya solo, sin mi familia. Me preguntó cómo me encontraba, le expliqué un poco lo que había pasado y, sin hacer más preguntas, me metió en una UCI. Al minuto tenía a cuatro o cinco médicos de distintas especialidades mirándome. Yo estaba asustadísimo. Entre ellos, por supuesto, un cirujano.

De rotura superficial, nada. Estando allí empezaron a darme información. La hinchazón estaba taponando la aorta. Me dijeron literalmente que iban a intentar salvarme la vida. Yo no me lo podía creer, estaba paralizado por el terror. ¿Cuándo había estado mi vida en peligro? No estaba preparado para eso, no lo vi venir. En ese momento solo pensaba en que estaban mi pareja y mi hijo fuera. Que quizás no nos volveríamos a ver. Me vino un vértigo enorme y una sensación de soledad, de abandono total. Y me agarré a la vida como pude en medio del terror.

Lo de la aorta no era el único problema. Con el derrame que tenía, no podían intervenirme. Lo normal era que para ese momento ya me hubiera dado un infarto. Algo que, afortunadamente, no había sucedido. Pero no me podían intervenir así, tenían que reducir el hematoma. Había que bajar la hinchazón.

Me cubrieron inmediatamente de hielo, desde la cara hasta el estómago, y me tuvieron así más de veinticuatro horas. Tenía a una enfermera a mi lado todo el rato para irme cambiando el hielo. Hacían turnos para tenerme constantemente controlado y vigilado. A partir de un momento, dejé de sentir el brazo izquierdo. No notaba los dedos ni lo podía mover. Cuando pasó toda esa fase, me dijeron que habían conseguido estabilizarme, que mi vida estaba fuera de peligro, pero que el brazo seguía con la coagulación descontrolada. Si no conseguían controlarla, me lo tendrían que amputar.

Ahí me vine abajo totalmente. Perder un brazo era perder mi vida. No solo se terminaban mis posibilidades como atleta y, por supuesto, mis aficiones, sino que mi vida laboral al completo estaba basada en mi cuerpo, en mi energía física. Llevaba tanto tiempo luchando por estar vivo que no me esperaba eso y me derrumbé. Fueron setenta y dos horas horribles en las que, además, solo pude ver a mi familia una vez. Estaba complemente solo todo el rato, sintiendo que mi vida tal y como la conocía se iba a acabar. Lloraba sin parar, lleno de rabia. Fue un proceso durísimo, como lo es siempre que sientes que el cuerpo te traiciona. No lo podía soportar.

A las setenta y dos horas me dijeron que estaba estabilizado. Ni siquiera hizo falta cirugía. Al cuarto día pude salir del hospital. Era muy rara la sensación de que hubiera pasado algo tan grave y tan intenso en un periodo tan corto de tiempo. Al salir lo tenía claro: «Se ha terminado el deporte. No quiero saber nada. No vuelvo a tocar una pesa en mi santa vida». Eso era lo que tenía en la cabeza en ese momento. Pero no era real. Tardé muy poco en volver a entrenar y a competir. Tiene sentido. Yo quería vivir y vivir era precisamente eso, volver a las cosas que me hacían sentir vivo.

Muy pronto estaría muy muy lejos. Compitiendo en Uzbekistán.

14

Uzbekistán

Apenas cuatro meses después de todo aquello estaba compitiendo en Uzbekistán, en el campeonato del mundo. Había competido en el Arnold y había conseguido la segunda plaza, y eso me clasificó automáticamente para la Copa del Mundo. Llegué aún lesionado. La famosa «rotura superficial del pectoral» resultó ser, además de una experiencia cercana a la muerte, doce centímetros de rotura y ocho centímetros de profundidad. ¿Estaba yo listo para afrontar un campeonato del mundo? Pues yo creía que sí, aunque sabía que alguna prueba no la iba a poder hacer. Pero decidí no comentarlo en la federación. No quería que me echaran para atrás si me había ganado el derecho a estar. Era la primera vez en mi vida que estaba en una competición de ese nivel y con esas condiciones. Te lo pagaban todo y tenías caché. Sé que las condiciones generales de los atletas son muy malas, es muy difícil hacer una vida profesional solo con eso, pero yo no esperaba que algo así fuera a pasarme en la vida, todo me parecía un sueño. Un sueño raro, porque me lo había ganado yo solo con mi esfuerzo, pero un sueño, al fin y al cabo.

Por eso hasta que no llegué hasta allí no les conté lo que me pasaba y que la prueba del cilindro, que consiste en levantar un tronco de árbol lo más pesado posible por encima de la cabeza, no iba a poder hacerla por la lesión. La respuesta fue muy buena y lo entendieron perfectamente. No es tan raro participar lesionado o con una lesión reciente en competiciones deportivas de alto nivel. Para la gente en general se trata siempre de ver quién queda primero (algo muy difícil cuando hay una prueba que no vas a poder hacer), pero hay muchas cosas más en juego y es una carrera de fondo, donde vas conquistando posiciones. Yo, como quien dice, acababa de empezar.

La competición era en Uzbekistán y yo me fui hasta allí solo. En ese momento había viajado en avión dos veces en mi vida. Ni una más. Me daba un poco de miedo volar. No miedo de pánico, pero sí mucho respeto. Y era un viaje de doce horas con escala en Moscú, nada menos. Por más miedo que me diera todo aquello y por desafiante que fuera, tenía muchísimas más ganas de competir. Además, yo venía de una situación en la que podía haber muerto o haber perdido un brazo. Un viaje en avión no me iba a detener ahora.

Al empezar el viaje me di cuenta de que había gente en el aeropuerto a la que reconocía. Los conocía de YouTube, porque eran competidores en lo mismo que yo. Era una sensación bonita, pero muy rara, porque, por un lado, estaba compitiendo con ellos en pie de igualdad, pero, por otro, yo era fan suyo, los admiraba, era gente a la que seguía mucho y me hacía mucha ilusión conocerlos. Había otro motivo por el que me alegré mucho de verlos. Si iban a donde iba yo, no tenía más que seguirlos y no me iba a perder. Eso es todo un alivio cuando te encuentras en un aeropuerto donde los carteles están en cirílico y no es que no tengas ni idea de ruso, es que tampoco te entiendes en inglés más allá de lo muy básico. Poder seguirlos entonces fue una noticia estupenda. El problema llegó un poquito más tarde.

En uno de los controles de pasaporte, después de que pasaran el resto de los atletas, yo llegué allí y me encontré con que no me dejaban pasar. Les enseñaba el pasaporte y me decían que no, que yo no entraba. Me puse supernervioso, porque me acababa de sacar el pasaporte y lo primero que pensé es que había algo mal, que había algún error o algo así en el documento. Lo siguiente que se me vino a la cabeza fue que no iba a poder entenderme, porque mi inglés era malísimo y era posible que, a pesar de eso, fuera mejor que el suyo. En tercer lugar, tampoco tenía posibilidad de montar ningún tipo de bronca, porque me encontraba en un aeropuerto en el que estaba el ejército y había soldados con metralletas. Lo mejor era intentar pasar desapercibido e ir tranquilo, pero tampoco podía asumir que me dejaran sin entrar, así que intenté explicarme como pude. Un fracaso. No había manera de que nos entendiéramos. Me retuvieron. Yo no entendía nada. Les preguntaba una y otra vez: «Pero ¿por qué me tienen aquí?». No había respuesta.

Así que opté por hacer lo único que se me ocurría en ese momento: llamar a España. Llamé a mi enlace en la federación para que me ayudara de alguna manera o quizás para poder hablar con alguien que, al menos, me entendiera, para no estar solo en esa situación. El problema era que en España eran las dos o las tres de la madrugada, por lo que no tenía ninguna seguridad de que me fuera a coger la llamada. Afortunadamente, mi enlace me cogió el teléfono a la primera. Le expliqué que no me dejaban coger el avión, que no podía hacer el transbordo para Uzbekistán, y me dijo que iba a intentar hablar con la federación uzbeka. Le dije que de acuerdo y me puse a esperar. Al menos el avión no se había ido y yo ya estaba un poco más tranquilo. Alguien se estaba encargando del problema. Al menos eso. Pasaron como veinte minutos o media hora y yo ya cada vez estaba más inquieto, cuando de pronto los de la garita de los pasaportes me dijeron que fuera para allá. Apareció un tío nuevo al que yo no había visto antes, me selló el pasaporte y me dijo que pasara. ¡Se había ido a desayunar! Todo el problema era que el responsable de los sellos no estaba allí porque estaba desayunando y lo habían parado todo.

Volvió, cogió mi pasaporte, le estampó un sello, me sonrió y me dijo: «Bye, bye». Tremendo.

Cuando por fin llegué a Uzbekistán, al salir del aeropuerto había una persona con el típico cartel con tu nombre, que a mí me volvió a hacer una ilusión extraña y, quizás, infantil. «Sergio Fernández» en Uzbekistán, compitiendo en el campeonato del mundo. Si me lo hubieran contado tan solo dos o tres años antes, no me lo habría creído. Pero no confundamos esa alegría con falta de profesionalidad y hambre de ganar, que aun lesionado iba a por todas.

Éramos dieciséis atletas y quedé décimo sin hacer una de las pruebas. Un buen resultado. De nuevo me encontraba compitiendo mano a mano con gente que eran mis referentes. Ahí no se trataba de seguirlos en un aeropuerto con más o menos timidez. La forma más razonable que encontré de relacionarme con mis referentes fue desde la igualdad, la competición justa, la de hacerlo bien. No me importaba demasiado el puesto final, porque estando lesionado ya sabía que había límites que no iba a poder superar. Lo que quería era probarme para ver hasta dónde podía llegar en esas condiciones. Y alguno de los que yo seguía por YouTube quedó por debajo de mí. Eso también da cierta satisfacción y cierto gusto. Te permite creerte mucho más lo que eres y hasta dónde puedes llegar. De hecho, podría haber llegado más arriba si no hubiera sido por lo que pasó en la prueba de la bola del atlas.

Yo estaba levantando la bola del atlas y, cuando terminó mi parte de la prueba, la solté, pero lo hice con tanta fuerza que la partí. Eso ya es bastante espectacular. La típica cosa que se hace medio viral, que se sabe en el mundillo, por la que se te conoce y esas cosas. Pero, al romperse, como todo el mundo tiene que competir con los mismos objetos para que las pruebas sean justas, eliminaron esa porque había gente que faltaba por hacerla. Evidentemente yo no lo hice aposta. La fuerza que tengo es la que tengo y pasó esto. Si hubieran contado en el resultado la prueba de la bola del atlas, habría quedado séptimo. Séptimo estando lesionado. Salí muy contento. En el apartado de las lesiones, esta vez de tipo menor, volví con un esguince de tobillo y un hueso de la mano roto. Volví a casa con mi trofeo de participación y mi medalla, superfeliz. Iba en el avión con mi bandera de España y, volviendo a casa, dos personas que no me conocían de nada me felicitaron, en plan: «No sabemos lo que has hecho, pero enhorabuena por representar a nuestro país». De pronto, me sentí algo más que un atleta o alguien que está mejorando sus propias marcas. Es bonito sentir que representas algo más grande y que, encima, es tu país.

Mi entrada en el mundo del *strongman* estuvo muy bien, como veis. Enseguida me incorporé al circuito y logré muchas cosas. Competí dos veces en Holanda por la Copa del Mundo y también en Portugal, en la Strongman Champion League. A veces me invitaban a competiciones y no podía ir por motivos económicos. En el Arnold Strongman de Ohio no podía costearme la estancia. Mi patrocinador cubría una parte muy pequeña y no había más recursos, así que me quedé sin ir. Me dio mucha rabia, porque es el original y, evidentemente, se llama Arnold por Arnold Schwarzenegger. Sentí que había perdido la oportunidad de encontrarme con mi ídolo de la infancia. Afortunadamente, pude compensar ese momento más tarde, porque el propio Schwarzenegger vino a una de las competiciones que se hicieron en Madrid. Yo quedé segundo y pude darle la mano. Fue uno de los momentos más increíbles de mi historia. Me acordaba de mí mismo de pequeño, de todas mis películas favoritas y de lo muchísimo que le admiraba. Para mí no es solo un ídolo del cine, es un ídolo en general, del gimnasio, del culturismo... Una persona que es un referente de mi vida, y verme ahí a su lado fue una alegría enorme y me hizo una ilusión tremenda.

Hubo otras veces en las que no pude participar porque las condiciones económicas no me lo permitían. Por ejemplo, en una de ellas el viaje de ida y vuelta costaba dos mil euros y no te pagaban nada. A eso había que sumarle la estancia, que eran siete días. Era imposible con mi dinero ir para allá. Esas cosas dan rabia, porque te separan de tus propias posibilidades, no compites en igualdad si dependes del dinero del viaje. Era injusto. La federación en España no te cubre nada y, aunque yo por mi lado tenía un patrocinador (porque sin patrocinador es imposible hacer nada), me cubría solo hasta mil euros de gasto. Para poder hacerlo, además, tenía que cerrar la tienda una semana, algo que también me resultaba imposible. Es lo que llevo diciendo todo este rato: sin recursos, no puedes elegir del todo lo que quieres hacer, te ves vendido.

Después de un tiempo compitiendo, empecé a tener algunos problemas de salud. Al principio no lo notaba, pero algo me pasaba en la espalda. Empecé a no superar mis marcas. Me estanqué en mi peso y dejé de evolucionar positivamente como había hecho hasta ese momento. Al principio no tenía identificado qué era exactamente, pero sabía que algo no estaba yendo bien. Empezaron a aparecer algunos dolores, sobre todo en la zona lumbar, así que busqué ayuda en fisios y osteópatas. Aquello no se solucionaba y yo iba sintiendo esos dolores cada vez más. Los calmaba, me arriesgaba, pero la cosa no se resolvía. Estuve compitiendo mucho tiempo con dolor. Asumí el dolor para seguir adelante durante más de un año. Todo eso duró hasta la competición de Strongman Championship de Portugal. En ese momento el dolor ya era tan intenso que no pude hacer una de las pruebas. Me había estado castigando mucho y ya no daba más de mí. En esa competición, a pesar de todo lo que digo, de no haber participado en una de las pruebas y, por tanto, de no haber puntuado en ella, quedé sexto. Estoy seguro de que, de haber podido participar en plenas condiciones físicas, habría quedado cuarto o quizás incluso mejor.

Después de lo de Portugal, me hice más pruebas y lo que me llegó fue una malísima noticia. Tenía una hernia discal en la L5S1. Más severa de lo que son las hernias habituales. Tenía que hacer algo si quería seguir compitiendo, porque, si no abordaba aquello, podía tener problemas de verdad, y no me refiero solo en términos deportivos, donde también iba a sufrir, sino en general en mi vida.

15

Hernia, esteroides y fin

Para tratar mi problema con la hernia discal me derivaron al Hospital Nacional de Parapléjicos de Toledo. El análisis descubrió que la hernia estaba a punto de seccionarme el nervio. El efecto es parecido al que provoca un accidente de trabajo y las posibilidades de que me quedara paralítico o tetrapléjico eran altas. Tenían que operarme para unirme las vértebras. Seguir compitiendo sin la operación era jugar a la ruleta rusa cada vez que lo hiciera. Lo mejor, me dijeron, era que dejara la competición. Pero yo no quería dejarlo. Me había costado mucho llegar hasta allí, mi vida estaba por fin orientada y no quería perder todo aquello. Me sinceré con el médico. Le dije cómo me sentía y le pedí que me dijera qué haría él si estuviera en mi situación, que me orientara un poco; que se hiciera cargo, de alguna manera, de que yo no quería dejar aquello. Además, por el tipo de operación que era, en la que te ponían unas placas, era dudoso que yo pudiera volver a la competición incluso saliendo todo bien. El médico se apiadó de mí y me pasó el nombre de un colega que trabajaba en una clínica privada.

—Habla con él —me dijo—. Se llama Avelino Parajón.

Fui a verle y me dijo que, efectivamente, podría operarme. Él hacía una cirugía muy especializada usando cámaras que permitían intervenir con muchísima más precisión. Con eso evitaba unir las vértebras con placas, lo que hacía que la recuperación fuera más rápida y con mayores garantías, de tal forma que no tendría que dejar de competir. El problema era que la intervención costaba más de veinte mil euros; una barbaridad de dinero que yo no tenía. Y tampoco tenía seguro. Me acordé del amigo de mi padre, el que era fisioterapeuta en el Real Madrid. Claro, si tienes un equipo así, tienes lo más *top* de lo *top* de la cirugía y todo se te pone de cara, pero yo estaba solo. Hay un dicho que dice «Pobre, pero honrado», pero hay veces en que los pobres tenemos que tener picardía, además de honradez, porque no estamos en el mundo en las mismas condiciones. De igual a igual todos somos muy buenos, pero no es así. De modo que hice un truco.

Busqué un seguro que me cubriera la operación. Me apunté y pagué la cuota durante los seis meses que era necesario por la carencia, hasta que ya pude disfrutar de los beneficios del seguro al cien por cien. En ese momento les dije que me acababa de lesionar. Lo hice para poder seguir compitiendo. Ojalá hubiera tenido el dinero. Con dinero, todo habría sido mucho más fácil. Tenía que competir a nivel mundial entrenando en la parte de atrás de un colegio, arrastrando lesiones, sin apoyo... Era muy difícil. Así que tomé esa decisión. Aguanté seis meses más lesionado, confiando en que la cosa no se complicara mucho más, para que después pudiera curarme ese médico especialista. A los seis meses y un día me planté allí como si fuera la primera vez. Salió bien. A los quince días me estaban operando. Y tres semanas después de la operación, ya estaba en el gimnasio. Cuatro meses después, me dieron el alta física deportiva. Para la lesión que tenía, fue un periodo muy corto. Estaba listo para volver a competir.

Durante el periodo en el que estuve compitiendo como *strongman,* consumía esteroides. Tuve que dejarlos en la época en la que me preparaba para la operación, porque tenía que bajar de peso para que se pudiera hacer, pero es un tema del que quiero hablar, porque creo que con este asunto hay mucha falsedad y mucha hipocresía y no quiero dejarlo de lado. Así que empiezo por mí mismo. Durante el tiempo que estuve compitiendo los utilicé y me vinieron muy bien. En la primera competición en la que estuve, todos los demás competidores estaban hasta las cejas de anabolizantes. Si yo no los tomaba, simplemente no iba a ser competitivo. No hay manera de mantener el nivel de la competición sin tomarlos. Simple y llanamente, no hay manera.

Y no me refiero solo al *strongman;* en estos momentos, para que haya espectáculo y calidad, para que se batan récords, para mantener el nivel de competición de forma creciente, todos los deportes los usan. La natación o el ciclismo serían los más conocidos, pero también se utilizan en el bádminton o en otros deportes que, *a priori,* parece que tienen menos fama de ese tipo de cosas. No se trata de que sea un tipo de deporte A, B o C, sino en general. Se usan en todos. Otra cosa es que se detecte. En la NBA, por ejemplo, está permitido cierto uso. Se nota, por ejemplo, si te fijas en el cambio físico que dan nuestros jugadores que pasan para allá. Son cambios físicos evidentes; se convierten en atletas.

Y digo lo de la hipocresía, porque es algo de lo que no se termina de hablar y que, de pronto, genera una noticia. Pero hay una mezcla de prohibiciones y permisividad. Y eso no puede ser. O se usan o no se usan, pero esa especie de doble moral no me gusta. En el caso nuestro del *strongman,* todo el mundo sabía que se utilizaban y se hace asumiendo que te puede caer un control aleatorio y detectarlo. Uno de los competidores que yo conocía, un chico polaco, ganó el sexto título y se lo quitaron por un control de este tipo, como si no los llevara usando siempre o no lo supieran. Lo de los controles me parece también un poco hipócrita, porque, yo que sé, parece que has pillado al que lo está haciendo o al que se ha pasado, pero en realidad es algo totalmente normalizado. ¿No sería mejor establecer unas normas desde la permisividad? ¿Que se pueda investigar bien? ¿Que se incluya en el deporte?

Los efectos que producen son de tipos muy diversos. Normalmente, en lo que tiene que ver con nosotros, es una ganancia de fuerza. Los culturistas, por ejemplo, ganan masa muscular. Cada tipo va un poco para cada deporte. Los hay de oxigenación, de velocidad o para que te funcionen mejor los pulmones y tengas más aguante. El producto que yo utilizaba era un sustituto de la testosterona. Trabajaba a partir de la testosterona. Hacía que asimilara mucho mejor lo que comía. Aprovechaba un porcentaje más alto, y eso me suponía más desarrollo físico y más fuerza.

No es que no tenga peligros. Los tiene tanto a corto como a medio plazo, aunque yo reconozco que no he sufrido consecuencias de ningún tipo. Por ejemplo, igual que agrandas el bíceps o el cuádriceps, agrandas también el corazón, lo cual no es bueno, porque aumenta el riesgo de infarto. También en algunas personas desarrolla calvicie o acné. En las mujeres los efectos secundarios se notan antes. También parece que los esteroides te pueden influir en el carácter. Por ejemplo, pierdes más la paciencia, estás más nervioso, esas cosas... Dicen también que te puedes volver estéril, pero yo después de usarlos he tenido dos hijos y lo único que noté es el acné.

En cualquier caso, yo sé que abusé de su uso. No tenía descanso. Abusé de los esteroides tanto en tiempo como en cantidad. Supongo que habrá quien piense que es mejor ocultar estas cosas, pero yo no estoy de acuerdo, no lo comparto. ¿Por qué tendría que ocultar algo así? Ha formado parte de mi vida. No me gusta ser hipócrita con la gente. Me gustaría que fuera una práctica que estuviera legalizada. Creo que, si fuera legal, habría un control mayor sobre los usos, se investigaría de una forma más transparente y habría médicos especialistas. Y yo creo que contar estas cosas sirve para que se vaya rompiendo un poco el tabú que hay alrededor de todo esto. El único motivo por el que se usan es porque el atleta quiere mejorar las marcas que ya existen. En eso consiste el deporte: en avanzar y tener mejores marcas. Se hace para la gente, para el espectáculo, para batir marcas. Por otro lado, usar esteroides no te hace el mejor. No eres mejor deportista por eso. No es automático. Si lo toma una persona que no entrena, que no come como es debido, etcétera, no consigue absolutamente nada. Tienes que hacer todas esas cosas, tienes que prepararte físicamente y también tienes que estar muy fuerte mentalmente. Si no tienes la concentración suficiente, si pierdes el sentido de lo que estás haciendo, ya puedes estar hasta arriba de anabolizantes, que vas a perder. Y tampoco se trata de sumar esteroides, de meterte más y más a ver qué pasa, porque eso solo perjudica a la salud. Tienes que esforzarte al cien por cien o no hay resultados. No es magia. Tienes que esforzarte más. Si no, no tiene sentido.

Cuando me operaron y conseguí recuperarme, pasó algo para lo que no estaba preparado. Creía que al volver todo iba a funcionar bien, que iba a tener las mismas ganas y la misma hambre que siempre. Pero no era así. Las cosas habían cambiado o quizás yo había cambiado. Una de las dos cosas. El caso es que noté muy rápidamente que se me había ido la ilusión. Había perdido las ganas de competir.

Para preparar una competición de verdad, lo más importante es cómo tienes la cabeza: las ganas que sientes, la ilusión que acumulas... Si no tienes eso, es imposible realmente sacar ninguna de estas cosas adelante. Y yo lo notaba. Notaba cada día que me costaba más, que no me lo creía. Cuando estás bien, no lo notas. La felicidad y las ganas consisten en no notarlo. Las cosas no te cuestan, y a mí en ese momento me estaba pasando lo contrario.

¿Por qué me estaba pasando eso? Pues yo creo que por cuatro cosas que se cruzaron a la vez como una tormenta. Por un lado, la tienda, ya lo he comentado antes. Si la tienda no iba bien, lo que era una fuente de alegría se volvía una fuente de problemas, un comecome en la cabeza que me obligaba a tener la atención ahí también. En segundo lugar, la sensación de tocar techo. Las lesiones habían hecho cierta mella y me empezaba a preguntar si merecía la pena seguir y cómo de grave sería la siguiente que me iba a tocar. ¿Y si a la siguiente lo que pasaba es que me mataba? ¿Y si ya no me podía recuperar y eso me afectaba a la vida? En tercer lugar, la edad. Yo había empezado con el *strongman* un poco tarde, porque nadie me había cogido de chaval y orientado hacia allí, pero, aun así, era evidente que yo no iba a estar toda la vida haciendo eso. Aún me quedaban muchos años de currar y, si la tienda ya no iba a ser el elemento que me diera estabilidad, tendría que reorientar mi vida de nuevo. Todas esas razones eran importantes, pero no eran las más importantes. Al menos, yo creo que no lo eran. O no eran determinantes.

La más determinante era que yo ya no estaba bien con mi pareja. Me había dado cuenta de que quería dejarlo, de que la relación se estaba acabando. Supongo que es normal, llevábamos toda la vida juntos. Teníamos dos hijos y uno ya era un chaval jovencito. A la vez, aunque yo ya veía que las cosas no estaban bien, tenía miedo a decírselo, a los problemas que se iban a abrir, etcétera. Esa pérdida de los centros de mi vida hizo que, todo junto, me quitara las ganas de seguir en la competición.

Pronto se habría terminado todo. No había tienda, así que no había estabilidad económica. No había competición, con lo que no había esa fuga para mí. Y tampoco había relación de pareja, así que tendría que buscar dónde vivir, cómo cuidar de mis hijos y a la vez acompañar económicamente a la que sería ya mi expareja. La conclusión de todo eso es ya previsible: como el péndulo de un reloj que se ha movido todo lo que ha podido en una dirección, tocaba volver en dirección contraria.

La fuga había terminado. Había que volver a trabajar de portero. Había que volver a la noche.

Y eso hice.

16

Ruptura y vuelta a la noche

La noche había cambiado. Las discotecas a las que yo solía ir habían cambiado. El modelo del negocio y de la noche había cambiado. Algunas discotecas se empezaron a nutrir tanto de gente que venía de Erasmus como de *packs* turísticos en los que de pronto te colocaban trescientos turistas borrachos en la puerta que entraban todos del tirón. Era mucho más cansado. Quizás no tan peligroso (depende de qué sitios y de qué gentes), pero sí muchísimo más agotador.

Y yo ya estaba cansado. Estaba cansado por mí y por varias personas más. Cansado y estresado. La ruptura me había dejado en una situación emocional y financiera muy mala. Como la relación la terminé yo, por responsabilidad y también un poco por sentimiento de culpa, pagaba tanto la hipoteca de mi casa, en la que estaba ahora mi ex, como el alquiler del sitio nuevo donde había empezado a vivir. Tenía el doble de necesidades económicas. Vivía al día, comiendo macarrones y arroz todo el rato. Meses comiendo lo mismo. Años sin poder hacerles un regalo a mis hijos. Eso no lo soportaba. Le tenía que pedir a mi madre que les comprara algo en Navidades o en sus cumpleaños, porque a mí no me llegaba. Quería a mis hijos igual que antes. ¿Qué digo igual? Los quería más, porque los necesitaba más. Afortunadamente, podía verlos, quedarme con ellos, pero había muchas otras cosas que no podía hacer por ellos y eso me reconcomía por dentro. La realidad es que mi día a día era prácticamente un continuo trabajar, trabajar y trabajar.

Pero el trabajo también era lo único que me mantenía la cabeza serena, porque todo el proceso de separación estaba siendo muy duro y muy estresante, así que en los poquísimos momentos en los que no trabajaba —y eran realmente muy muy pocos—, en vez de estar en mi casa agobiado, con mis dudas, mis culpas, etcétera, lo que hacía era volver a las discotecas en las que estaba trabajando. Sobre todo a Joy. Volvía allí, me veía con los compañeros y eso me hacía sentir mejor, más tranquilo.

Aun así, cuando te encuentras en una situación de ese estrés emocional, vivir la noche es muy duro. Estar jodido, sin dinero, sin saber si has tomado una buena decisión. Con discusiones constantes y con lo que echas de menos a tus hijos y la pena que te da cada vez que se tienen que ir, ya que tú te has acostumbrado a que estén allí contigo cada noche. El peor momento del día es cuando cierras la puerta de casa y ya no están. Cuando estás así, que venga un chaval y te empiece a llamar *mono, gorila, cerdo, anormal, payaso,* que te escupan, que te hagan gestos, que te tiren algo, que te estén provocando durante horas..., todo eso se hace muy muy muy difícil. Y te contienes porque sabes que sería el final de tu trabajo y lo necesitas, pero por ningún otro motivo. Ahí ya no es el sentido de la responsabilidad el que te frena, es pura supervivencia. La alternativa es peor. Te lo tienes que repetir constantemente.

Casi todo lo que te viene a la mente es una especie de trampa peligrosa, porque si te pones a pensar en apenas dos años antes te vuelves loco. Dos años antes tenía una tienda, estaba tranquilo. Dos años antes competía en el *strongman,* dos años antes mi vida tenía sentido y ahora estoy aquí delante de un niñato que me llama mono, porque le he pillado que quiere colar botellitas de ginebra en la discoteca en la que tengo que trabajar porque no me queda otra.

Eso mina tu cerebro. Lo mina. Mina tu actitud, tu serenidad, tus ganas de todo.

Yo quería volver a Joy, era la discoteca que me parecía que tenía el mejor equipo, donde me encontraba más cómodo y también más cuidado. Pude trabajar en las dos discotecas donde más a gusto he estado siempre. En Joy estaba de domingo a jueves y luego aparte hacía turnos en Velvet. Por la necesidad económica que mencionaba antes, me apuntaba a lo que fuera. Estuve siete meses sin librar ni un día. Mi hermana se quedaba con los niños media tarde cuando yo trabajaba y luego se iban con su madre. Yo podía verlos muy de vez en cuando, porque trabajaba. Quería estar más con mis hijos, pero no podía. Había todo el rato una tensión, porque su madre, mi expareja, me pedía que estuviera más con ellos, lo que a mí me parecía estupendo, pero a la vez tenía necesidades económicas que pagaba yo, con lo que las dos cosas era imposible. Y aquello era una rueda que se iba haciendo cada vez más intensa. Hubo un día que, yendo a trabajar, de pura ansiedad y puro estrés, le pegué un volantazo al coche y casi tengo un accidente. En las discotecas donde trabajaba me obligaban a descansar, porque me estaba haciendo daño.

Como decía, la noche había cambiado mucho. La primera Joy que yo conocí era un sitio de mucho dinero. Gente que llegaba con Maseratis, cochazos increíbles; un sitio donde había un aparcacoches y donde se entendía esa cosa entre lo abierto y lo exclusivo. Era una discoteca popular en el sentido de que siempre se llenaba, pero donde entrar tenía prestigio. Incluso en la gente chunga que venía se notaba. Había maleantes, pero de dinero, pequeños traficantes que iban por ahí gastándose en una noche mil, mil quinientos o dos mil euros. Todo eso no había durado. O dejaron de ir o se habían movido a otros sitios. La noche es un poco así, se va moviendo. Una zona se pone de moda, luego decae, muta y la gente se va a otra.

En ese momento Joy era una discoteca de guiris. Gente que venía por *tours,* con acuerdos turísticos. Eso significaba una diferencia fundamental. Era gente que venía, se lo pasaba bien, pero no volvía. Siempre era gente nueva. Y la gente que va a estar una vez en un sitio y nunca más no le tiene respeto a ese sitio; no le importa lo que piensen de ellos. Van al sitio como si cerrara esa noche, como si ya no fuera a abrir nunca más. Estabas más o menos tranquilo y, de pronto, a las dos o las tres de la madrugada veías llegar a trescientas personas con pulseras del *pack* de vacaciones (de lo que demonios sea) bajando la calle en dirección a donde tú estás, haciendo ya desde lejos un ruido espantoso, como una auténtica turba. Eso te rompe. Yo tenía pesadillas. Es como tener Magaluf en el centro de Madrid. Como vivir en Mallorca, pero aquí. Lo mismo. Como además ya habían peatonalizado la calle, veías esa marea de gente bajar ocupando todo e impresionaba un montón. Ahí también mides el equipo profesional que tienes. Yo de ahí saco muchas cosas, pero entre ellas a dos compañeros con los que en esas tesituras me hice uña y carne. Esos sí eran compañeros de verdad. Gente a la que confiarías tu vida, porque a veces era necesario. Había momentos esas noches de mucho riesgo. Recuerdo perfectamente la sensación de mirar hacia la Puerta del Sol y ver bajar por la calle Arenal a trescientas personas gritando. Lo odiábamos tanto que lo llamábamos *la mierda.* Nos decíamos: «Ya viene la mierda esta». Nos generaba muchos conflictos, porque por muchos que vinieran y poco que les importara el local, nosotros seguíamos parando en la puerta y exigiendo un mínimo. No se podía entrar con ropa deportiva o borrachos. Así también conseguíamos que dentro hubiera menos lío.

Mi hermano y yo coincidimos en ese periodo otra vez, por lo que por ese lado también era bonito. Si teníamos problemas, nos llamábamos. Sabíamos que yo estaba en el canal tres y él en el dos. Nos llamábamos. Entre porteros suele haber buen rollo y hacemos esto, nos ayudamos. Necesitas a tus compañeros.

Recuerdo un periodo, hace tiempo ya, que estuve trabajando en una discoteca por Moncloa. Era un local que estaba muy cerca del Clínico y allí estaba solo. Solicité al dueño que me pusiera una persona de apoyo, porque era muy difícil. Pasas miedo. Era un público sobre todo de estudiantes, muchos *bakalas* y mucha gente a la que no tenía que dejar pasar. Y yo le pedía al jefe un refuerzo y el jefe no me daba nada. Una noche me avisó una camarera de que había lío dentro. Eso ya suponía el primer problema, porque tenía que dejar la puerta desatendida. Bajé y, según bajaba, me dieron con un vaso en la cabeza. Así, nada más entrar. Esa noche ya había habido otra pelea, pero como no había habido nadie para contener lo que pasaba, pues teníamos la segunda de la noche. Una pelea de ciento y la madre. Muchísima gente. Eché el cierre de la discoteca arriba y cogí la barra del toldo para defenderme. Bajé, le pedí al DJ que bajara la música y me planté en la pista de baile con la barra del toldo. Acojonado, pero intentando controlar todo aquello. Al verme hacer esa locura, con la barra y la sangre del golpe del vaso en la cabeza, se acabó la pelea. Una vez que estaba controlada la situación, subí de nuevo, llamé al dueño y le eché tal bronca por lo que había pasado que al día siguiente tenía allí a un compañero. Como ya he dicho, no se puede hacer este trabajo sin compañeros.

Los contratos eran de muy pocas horas, antes en muchos sitios no te hacían (en Joy, sí). Cobrabas en negro de la caja y da gracias. Ahora los hacen de pocas horas para justificar si hay alguna inspección. Son contratos de horas, aunque hayas tenido que ir a trabajar varias noches. Hay gente a la que le viene bien, porque es un complemento a otros trabajos, para tener algo más de salario, pero en general estás muy vendido. Te pones malo y tienes que ir a trabajar. Te pasa cualquier cosa y no tienes protección. Las nóminas son como de doscientos cincuenta o trescientos euros y luego lo que pactes. Pagan a unos doce euros la hora, de media. Está mal pagado si lo piensas según el riesgo que corres y el estrés que supone a nivel emocional. Vas a trabajar amargado. En esa época, el estrés, el número de días y de movidas se van acumulando.

A mí me da rabia estar de mala leche todo el rato, porque yo no soy así. A mí me gusta estar tranquilo, bromear...

Se nota en los vídeos en el TikTok, ahí se ve quién soy, que no finjo. Pero siete meses sin parar de trabajar con los trescientos de la pulsera dándote la noche cada dos por tres terminan por machacarte el ánimo. Y ahí, pues como siempre, tienes que mantener la autoridad y la seriedad. Da igual que tengas buen rollo con alguien, tienes que ser una persona seria. Ojo, no agresiva; seria. Lo peor es dejar que alguien esté de risas. Ahí se termina el papel que estás interpretando y te pierden el respeto. Eso no lo puedes hacer.

A los siete meses de ese ritmo imposible fue cuando conocí a Laura, mi pareja actual y madre de mis dos hijos más pequeños. Ella fue como una luz en medio de toda la oscuridad que tenía a mi alrededor. De verdad, no sé qué habría hecho si no hubiera llegado a mi vida. Si pude superar toda esa fase, fue gracias a ella, sin ninguna duda.

Nos conocimos porque ella empezó a venir a la discoteca en la que estaba trabajando. La primera vez que vino le pedí el DNI, porque me parecía que rozaba la minoría de edad. La pasaba, pero por poco. Ella y yo nos llevamos quince años. No me había pasado nunca que en un intercambio tan breve con el DNI una persona me llamara tanto la atención. Me quedé con su nombre y, claramente, hubo algún intercambio de miradas. El primer día se quedó ahí la cosa, pero la siguiente vez que vino a la discoteca me pidió el teléfono. Yo estaba en una situación muy complicada a nivel vital, no sabía si estaba preparado para ver a nadie, así que le di largas, pero reconozco que fueron unas largas muy *cortas.* Dos fines de semana después, le había dado mi número. En esas dos semanas lo que hice es lo que hago siempre como portero: observar. Observando a alguien sabes cómo es, y ella me gustaba y parecía ir en serio. Así que empezamos a hablar. Sobre todo, lo que más recuerdo de esos días era hablar, hablar y hablar. Fue como salir del pozo de nervios y de obsesión que me había provocado la ruptura. Al poco, iniciamos una relación.

Yo estaba contento, pero tenía una preocupación. Ella estaba en la edad de salir y divertirse; yo estaba en otra fase vital. No quería asustarla, pero tampoco sabía cómo decirle que tenía dos hijos y que mi vida estaba en otro momento. Yo estaba recién separado y ella tenía veintiún años recién cumplidos. Al principio, ella me echaba menos años. No se creía que yo tuviera treinta y cinco. Cuando le conté lo de mis hijos, entiendo que al principio le costó asimilarlo. Es normal, es un cambio de perspectiva muy bestia, pero yo le seguía gustando y por eso nos seguimos viendo. Nos veíamos en los pocos huecos de trabajo que yo tenía, como a sorbos cortitos de agua. Yo estaba seguro de que esa relación iba a ir en una dirección seria o, al menos, eso era lo que deseaba. A los cuatro meses de conocernos, se vino a vivir conmigo.

Vivir con alguien quince años mayor que tú al que conoces desde hace cuatro meses tiene sus dificultades en cuanto a ritmos, rutinas, etcétera. Si le sumas dos hijos, la cosa es aún más rara. Yo entiendo que es un paso complicado y fuerte, y que podía salir todo mal. Y al principio así fue. Ella se agobió, porque el cambio era demasiado grande, así que, al poco de irnos a vivir juntos, decidió irse de casa. Para entonces yo ya estaba totalmente enamorado, pero acepté su decisión entendiendo que estábamos en momentos distintos. Me propuso ser amigos y yo acepté esa propuesta sin esperar que fuera a algo más. No quería perderla. Quedábamos de vez en cuando y seguíamos hablando. El amor también es eso, encontrar alguien con quien poder hablarlo todo.

La fase de la amistad duró unos meses, pero una noche yo estaba trabajando y ella de fiesta y me escribió: «¿Cuando termines me paso a verte?». Le dije que sí. Se vino a casa y, esta vez sí, seguimos juntos hasta hoy. Los dos nos necesitábamos y nos encontramos. Encajamos muy bien porque nos habíamos hecho amigos por el camino. Tenemos dos hijos en común, pero es como si siguiéramos siendo amigos. Yo tenía la vida hecha y ella era una especie de diamante en bruto, empezando su vida, pero funcionó. Siempre es complicado unirse al camino de otro, pero ella me encontró en el mío y supo quedarse. Yo supe darle el tipo de hueco y el tiempo que necesitaba, y nos enamoramos. A veces las cosas pasan así, entre medias, cuando menos lo estás esperando.

17

Aventuras nocturnas de un portero de discoteca

Volver a la vida de portero fue también volver a una cotidianidad llena de historias, anécdotas y cosas difíciles de creer si uno no las ha vivido. Algunas son divertidas; otras, más traumáticas.

Yo tenía buena relación con el *maître* de Joy. El *maître* era algo así como el responsable de la noche. Era una persona muy seria y muy directa, pero me sorprendió mucho que me llamara por mi nombre de pila. Eso es raro en este mundo. Yo siempre lo entendí como una muestra de confianza. Él se llamaba Juan y a mí me llamaba simplemente Sergio. Sus órdenes siempre eran claras y directas, no te podías perder: «Sergio, a la hexagonal», «Sergio, a la zona tal», «Sergio, a la barra nosequé». Lo de llamarme por mi nombre no fue desde el principio. Empezó a hacerlo después de unos dos meses. No lo hacía con todo el mundo, por lo que yo lo entendía como una muestra de respeto hacia mí y me guardo ese pequeño orgullo que me dejaba por encima en la jerarquía de la discoteca. Las zonas en Joy estaban organizadas de forma parecida a un pódium. Estaba la zona de pista, luego la zona de plata, más arriba, y, arriba del todo, la zona de oro. No siempre estaban abiertas todas las zonas. Una vez Juan me dijo: «Sergio, sube a la plata, que parece que hay alguien ahí». De vez en cuando se colaba gente en esas zonas cerradas. Subí pensando que me iba a encontrar a alguien que estaba intentando robar algo o que se estaba drogando. No fue eso. Me encontré con un chaval que estaba cagando en un reservado. Allí estaba, con los pantalones bajados, como si ese fuera un sitio razonable donde hacer sus necesidades. ¡Tremendo asco me dio! Nos miramos y le dije: «Súbete los pantalones y para fuera». Fue muy educado (sobre todo teniendo en cuenta lo que estaba haciendo), no soltó ni una queja ni nada. Se subió los pantalones y salió de allí como alma que lleva el diablo. Eso sí, nos dejó el pastel a unos cuatro metros y hubo que limpiarlo.

No es algo superraro encontrarte con problemas derivados de las distintas necesidades fisiológicas que tenemos los seres humanos. Alcohol, noche y discoteca es una combinación muy mala para según qué cosas. Recuerdo otra ocasión en la que una chica estaba hablando con un chico en la calle, al lado de la puerta donde nosotros estábamos. La chica estaba hablando tan tranquila, como si no pasara nada, pero yo empecé a notar que le salía una especie de reguero entre las piernas. Se había puesto a mear ahí, a nuestro lado, en medio de la calle, tan tranquila. Luego eso también hubo que limpiarlo, claro. Como con el anterior chico, se lo dijimos y se alejó muy educada. Se ve que ya había terminado con lo suyo.

Pues cosas como estas se dan todo el rato. Tengo mil anécdotas de ese tipo, pero son todas un poco asquerosas y repetitivas, así que creo que con estas dos es suficiente. Mejor no le damos más vueltas a este asunto.

Otro evento importante en Joy eran los premios de la revista *Fotogramas*. Esos premios reunían a lo más granado del cine español y devolvían la discoteca a ese pasado lleno de glamur o donde todo se organizaba para el glamur, aunque fuera por una noche. Y, además, permitía que gente como yo nos cruzáramos con gente como Antonio Banderas (muy majo, por cierto) o Paz Padilla, que debo decir que fue la única de toda la gente que pasaba por allí a la que le pedí una foto conmigo y se la hizo. Me pareció una mujer muy cercana, muy campechana. Hubo otros que no me hicieron ni caso, pero, bueno, mejor hablar de la gente que se portó bien y no del resto. Hubo una famosa actriz joven española a la que tuve que acompañar desde el coche hasta la puerta porque mucha gente se agolpaba pidiéndole fotos y esas cosas. Cuando llegamos a un sitio algo más tranquilo o más seguro, le pedí que nos hiciéramos una foto y ni siquiera me miró ni me respondió nada. Se dio la vuelta y se metió en la discoteca. ¿Qué necesidad hay de ser así? Ninguna. Ahora que yo he podido encontrarme en situaciones en las que la gente, sobre todo chavales jóvenes, me piden fotos, me acuerdo mucho de ese día y procuro parecerme más a quien me trató con educación y cariño que a quien pensó que era demasiado para mí.

A veces los famosos que venían a la discoteca eran internacionales. Una vez, mi hermano no quería dejar pasar a Bruce Willis. No le había reconocido porque iba con unos vaqueros rotos y una camiseta algo estropeada, de un rollo muy callejero. Enseguida le fue a parar, pero le pilló antes el responsable de la sala y le dijo: «¿Pero no sabes quién es?». Iba con dos tíos negros enormes, que eran sus guardaespaldas. Otra vez vino Jazz, el que salía en *El príncipe de Bel Air,* y me pusieron como acompañante suyo, haciendo las veces de escolta y velando por su seguridad. Estuve con él todo el rato, vigilando, estando atento y acompañando por si necesitaba cualquier cosa. Debió de parecerle bien, porque me dieron ciento cincuenta euros de extra por el trabajo.

Lo de las propinas tiene también su historia. Por ejemplo, en Joy no nos dejaban recoger propinas, porque no querían que pareciera un soborno para conseguir entrar o para adelantar en la fila, así que estaban prohibidas. En cualquier caso, no era fácil evitarlas, porque a veces, por ejemplo, sobre todo en el primer periodo, venían jeques árabes que iban soltando dinero con una naturalidad realmente pasmosa y no era buena idea ni educado decirles que no. Normalmente, si alguno de nosotros recibía dinero por esa vía, lo poníamos en un bote y se repartía entre todos los compañeros que estábamos aquella noche.

Otras veces las cosas se complicaban porque alguien la cagaba desde la parte de la organización: los promotores. Recuerdo un día en el que había un concierto de un artista dominicano; creo que era un DJ para una sesión, alguien que venía a pinchar. De pronto se empezó a agrupar muchísima gente y empezamos a notar algunos de bandas callejeras, con sus pañuelos, sus insignias y sus conflictos entre ellos. Había tanta gente en la puerta que llegaba la cola hasta la chocolatería San Ginés. De pronto, apareció el director de la discoteca y dijo que no tenía constancia de que ese evento fuera allí y que no se hacía. Nosotros nos quedamos muy preocupados. ¿Cómo le íbamos a decir a toda esa gente que estaba allí que no se hacía el concierto? Había por lo menos trescientas personas en la puerta y algunos, ya os digo, con experiencia en peleas y ganas de bronca. Bueno, pues como nuestro trabajo consiste en hacer exactamente eso, controlar la situación, fuimos, dijimos que se había cancelado el concierto y, del grupo de trescientos, se encararon con nosotros unos quince. Al ver que esos quince plantaban cara, se les fue uniendo más y más gente. Empezamos a ver navajas por ahí y cómo cogían alguna botella rota. Veíamos a los de la segunda y la tercera filas más brutos que los primeros, porque iba a ser más difícil cogerlos si pasaba algo (el anonimato ayuda mucho a que las cosas se vayan de madre). No se creían que el concierto o lo que fuera se hubiera suspendido. Creían que los estábamos engañando. Estaban convencidos de que ya había empezado y nos habíamos inventado esa excusa para no dejarlos entrar. De pronto, otro grupo apareció con palos. En la puerta solo éramos tres personas y ya estábamos seguros de que íbamos a morir, de que nos iban a pasar por encima en cualquier momento. Así que yo tomé la decisión de que teníamos que ponernos a la altura de lo que estaba pasando. Le dije a Luisa, la mujer que llevaba el guardarropa, que me pasara «los palos». Teníamos siempre unos palos escondidos por si no podíamos controlar la situación. Así que Luisa, efectivamente, preparó los palos y yo los cogí y los coloqué al lado de la puerta. Estábamos en una situación de mucha tensión y de bastante miedo, pero era importante que supieran que no nos íbamos a ir, que si ellos iban de duros, nosotros estábamos listos para aguantar ese envite. ¿Tú vas con palos? Yo también. Y de pronto…, como a veces pasa en estas cosas, alguien debió de pensar que no le compensaba el lío y se dio la vuelta. Al darse ese la vuelta, algunos de los de atrás empezaron a recular y muy rápidamente aquello se había disuelto sin dar un solo golpe. A veces no hace falta. Lo que sí hace falta es estar a la altura de la gente que tienes delante. Si demuestras que te pueden pasar por encima (y podían, desde luego, porque eran muchísimos más), te pasan.

Lo que nos lleva al incidente que considero el más gordo que he vivido en una discoteca: un intento de apuñalamiento. Como tantas otras veces, el día que me intentaron apuñalar empezó como un día normal. Mejor dicho, como una noche normal en la que recibo un aviso por una pelea. Ni siquiera era un día en que la discoteca estuviera especialmente llena ni era especialmente complicado. Era un día mediocre. Un chico había golpeado a otro con un vaso en la cara. Así que fui allí, los separé y me llevé al agresor para fuera. Era un grupo de uno de los *tours* turísticos. Lo que me llamó la atención en primer lugar fue que el agresor estaba tranquilo, aceptó que le dijera que se tenía que ir y caminó conmigo hasta la salida como si no pasara nada. Esa tranquilidad me inquietó y esa inquietud es lo que distingue a un profesional en este trabajo de uno que no lo es. Ese instinto es el que te permite distinguir que algo va mal cuando aparentemente todo va bien.

Salimos fuera y yo los acompañé hasta el cordón que separa «estar dentro» de la discoteca de estar fuera de ella. En cuanto lo cruzó, se dio la vuelta e hizo un gesto como de llevarse la mano al bolsillo trasero del pantalón. Para entonces, afortunadamente, yo ya estaba preparado. Sacó del bolsillo un *cutter* de obra enorme. Se cortó la pulsera que llevaba y me dijo: «Muy valiente tú allí dentro» y, sin mediar palabra, me lanzó una puñalada con el *cutter.* Menos mal que yo venía preparándome para algún tipo de movida desde hacía un rato, porque, si no, me habría cortado de lleno. Me retiré esquivando el intento y cogí la catenaria donde teníamos enganchado el cordón de la puerta para poder defenderme. No llegó siquiera a hacer herida porque iba preparado. En ese momento llegó la policía. El tipo había logrado tirar el *cutter* o hacerlo desaparecer. No sé, la verdad, qué hizo con él. Le expliqué a la policía lo que había pasado y me preguntaron si quería denunciar. Les dije que sí.

Supongo que os estaréis preguntando por la clase de persona que está en un viaje turístico y se va a una discoteca con un *cutter* de obra. Yo también me lo he preguntado más de una vez. Es evidente que esa gente no va a divertirse, o que se divierte con otro tipo de cosas. Sin duda, se trataba de alguien acostumbrado a pelear; de ahí la calma que exhibía durante todo el rato. Sabía que lo tendría más fácil para atacarme en el exterior que dentro de la discoteca. Y eso es lo que puso en juego. Me impresionó lo tranquilo que iba y, aunque eso era lo que lo hacía más peligroso, también fue lo que me hizo a mí estar atento e ir con cuidado. Era muy rara la frialdad de ese tipo. Alguien que está en una pelea está agitado, se revuelve.

Pero ocurrió otra cosa esa noche. He contado el incidente como si me hubiera pasado solamente a mí, pero yo no estaba solo; iba otro compañero conmigo. Pero, cuando apareció el *cutter,* mi compañero se evaporó. Desapareció. Como si nunca hubiera estado allí. En ese momento, el resto de los compañeros de la discoteca estaban cenando. Yo no entré en conflictos con él. No quería tener ningún lío. Le pregunté por el *cutter* y me dijo que no lo había visto. Acto seguido fui y se lo comenté a sus compañeros. El tipo no volvió a aparecer por la discoteca.

No se puede dejar solo a un compañero y, aunque ellos no habían estado allí directamente porque estaban cenando, se fiaban de mí. No tenía que explicar nada. Era yo el que había tenido que agarrar una catenaria para repeler el ataque de un tío.

18

Gasolinera, pandemia, buscarse la vida

La pandemia del covid destrozó las discotecas. Al destrozar la noche, nos destrozó a todos los que trabajábamos alrededor de la noche. En marzo de 2020, todas las discotecas de España cerraron y nos vimos sin trabajo. Eso no fue lo peor, aunque en ese momento sin duda la incertidumbre y el miedo por la propia pandemia fueron muy duros. Lo peor vino después, en ese periodo de unos dos años en los que todo iba volviendo a la normalidad, pero en realidad no era normal. La gente no salía o, si salía, no quería estar metida en un sitio con mucha gente junta.

Todos hemos visto imágenes de discotecas en las que la gente iba sin mascarilla. No hemos visto tanto imágenes que eran habituales cuando se volvieron a abrir las discotecas por la noche. Las de la gente que respetaba las normas y estaba en un local destinado a bailar, pero con mascarilla y distancia de seguridad. Era una situación rarísima. Parecía una cosa de ciencia ficción, de película rara de miedo. Yo, de todas formas, ese periodo me lo perdí casi por completo, porque, cuando cerraron las discotecas, volví a intentar otros trabajos y, como veréis, en un rango de dos o tres años se volvió a repetir el ciclo de mi vida. Pronto volvería a estar trabajando en la noche.

Lo contaré desde el principio. En ese momento yo estaba compatibilizando mi trabajo entre Joy y Velvet. Velvet es la discoteca de la que hablaré con detenimiento más tarde, porque, además de ser el local en el que estoy trabajando ahora, es donde empecé a hacerme famoso como «el portero de TikTok». En ese momento, me salió un trabajo en una gasolinera que estaba cerca de mi casa. A mí eso me venía muy bien y me resultaba cómodo, pero no podía tener los tres trabajos a la vez, era imposible aguantar tres jornadas. Puede que el cuerpo lo soportara durante un par de semanas, pero más allá era invivible. Así que dejé Joy, ya que era en la que hacía turnos entre semana. En el caso de Velvet, como iba los fines de semana, al menos durante un tiempo pude mantenerlo. Al final estuve en Velvet hasta dos meses antes de la pandemia, pues me hicieron encargado en la gasolinera. En realidad, tener los dos trabajos me favorecía económicamente, pero estar al lado de casa —y más con Laura ya embarazada de nuestra primera hija, Sofía— me parecía lo mejor para todos y me dediqué solo a la gasolinera.

Cuando me hicieron encargado, también tuve un pensamiento que he tenido ya muchas otras veces: «Es el momento de dejar la noche». Así que, justo antes de la pandemia, se acabó la noche para mí, pero, aunque yo no viviera el inicio, sí viví todo lo de después. Porque, a pesar de que la noche siempre era algo de lo que yo quería salir, siempre estaba allí cuando lo necesitaba. Si todo iba mal, tenía la noche. Eso, quieras que no, te da un cierto margen de maniobra. Lo que pasó esta vez es que, cuando las cosas se pusieron mal, no había noche a la que volver; todo estaba cerrado al principio y económicamente muerto después. No había donde volver.

Pero ¿por qué iba yo a pensar en eso en ese momento? Tenía mi trabajo de encargado en la gasolinera, mi pareja y mi hija. Por fin había logrado calma y tranquilidad. Pues perfecto. Incluso en el contexto de la pandemia, ser encargado en una gasolinera no era el peor destino posible. Era un sitio razonable. El problema es que nos engañaron.

Laura trabajaba también en la gasolinera. Cuando ella se quedó embarazada, el gerente de entonces nos propuso un chanchullo. Un chanchullo de mierda que aceptamos porque nos daba cierta seguridad. Nos dijo que, si ella firmaba una baja voluntaria, a mí me hacía encargado. Que a él le venía bien en ese momento de pandemia y que nosotros, aunque perdíamos un poco de dinero, ganábamos seguridad. Aceptamos. Al fin y al cabo, Laura iba a tener que estar mucho con la niña, sobre todo al principio. Luego ya veríamos. Supongo que piensas que siempre vas a encontrar otros trabajos. Toda nuestra vida había sido así, ir de uno a otro, saltando y buscando. Total, que ella firmó la baja voluntaria y, al poco tiempo, llegó la pandemia dura: los días y meses en los que nadie sabía si íbamos a salir adelante.

En ese contexto, con la pandemia más jodida que nunca, el dueño de la gasolinera me propuso pasarme a un contrato de media jornada cobrando lo mismo. Me dijo que a él le venía bien por asuntos fiscales y yo acepté. He trabajado muchísimas veces sin contrato o con contratos de muy pocas horas y suplementos en negro. Para mí eso no es raro en absoluto. En cuanto firmé el cambio de contrato me llegó un burofax con el despido. Me despidió en plena pandemia dejándome sin trabajo y sin paro, con un contrato nuevo, sin antigüedad, de menos horas, etcétera. Me la había jugado totalmente.

Uno de los problemas de no tener nada donde agarrarte es que enseguida te tienes que poner a buscar otra cosa. Con un mínimo, un sostén. Supongo que me podría haber planteado pelear la situación de la gasolinera de alguna manera, pero, tal y como estábamos, opté por buscar algo cuanto antes. Mi mujer estaba en casa con nuestra cría recién nacida. Tenía que hacer algo. Y, como os decía antes, no podía volver a la discoteca.

Ahí tomé una decisión y monté un pequeño negocio de desocupación. Al menos era algo; un mínimo para salir adelante. Reconozco que no me gustaba nada, pero me sirvió para salvar dos meses. Intentaba elegir entre los casos que llegaban los que cumplían con determinados criterios. Sobre todo, los que tenían que ver con sitios donde hubiera gente que se estuviera aprovechando de alguien. Echar de su casa a la gente que no tenía donde caerse muerta no me hacía ninguna gracia. Lo monté con algunos compañeros del mundo de la noche, que estaban tan apurados como yo, y creo que llegamos a encargarnos de tres casos. A la que tuvimos opción de irnos a otra cosa, lo dejamos.

Uno se trataba de una ocupación de siete viviendas en el PAU de Vallecas. Era un chanchullo que había montado el conserje de la finca, que realquilaba las casas a gente que no sabía que no eran alquileres, sino ocupaciones. El día que llegamos allí, el propio portero avisó a la policía y llegaron en varios coches patrulla. El conserje se sacaba como cuatrocientos euros de cada una de las familias. Otro de los casos era un chaval que había alquilado una habitación a una persona que tampoco era el dueño de la vivienda. Llegué, le expliqué que estaba en una situación ilegal, que iba a cambiar la cerradura de la puerta, y él me dijo que iba a llamar a la policía. Supongo que alguien le había dicho que lo hiciera. Vino un policía que, además, era amigo mío y me dijo que me tenía que ir de allí. Mi amigo me dijo que, si el chaval no denunciaba, pues todo estaba bien, pero que, si denunciaba, iban a tener que detenerme. A pesar de ser un terreno aparentemente sencillo, siempre se complicaba todo mucho. Un desalojo es algo que solo puede autorizar un juez, así que tú no puedes desalojar a nadie. El tercero, por el contrario, salió bien. Era un caso similar, en el que una familia estaba viviendo en una casa que era de un matrimonio mayor y también habían llegado allí sin saber que la casa estaba ocupada. Les ofrecimos un dinero para que se fueran, lo aceptaron y se fueron sin mayor problema. Esos fueron los tres casos. Dos meses duré. Como os he dicho, lo dejé en cuanto me salió un nuevo trabajo.

El trabajo nuevo fue en Amazon, en la planta logística que tienen en Illescas. Era una planta nueva. Yo entré con los primeros quinientos que contrataron. La segunda tanda fueron dos mil y pico personas. El trabajo se me daba bien. Ya os he contado que en general los trabajos se me dan bien, porque soy responsable y organizado. Me gusta hacer las cosas bien, y eso creo que se respeta. Así que enseguida me hicieron *coach* de la planta. Ellos lo llaman así. Era como ser un formador: el que les dice a los demás cómo se hacen las cosas. Yo estaba en un departamento que se llama In-Bound y se encargaba de organizar la mercancía dependiendo de dónde llegaba. En los primeros quince días, hacía veinticinco kilómetros diarios andando. Hubo un día en que esa cifra subió hasta los treinta y nueve kilómetros. Siempre iba de un sitio a otro moviendo cosas por la planta. Como esas cosas ellos las monitorizan y controlan, vieron rápido que funcionaba muy bien, que no paraba quieto. Claro, del *strongman* a una planta de distribución, pues ya me dirás, me sobraba energía por todos los lados. Pero también suponía una fuente de frustración, porque yo trabajaba sin parar y luego había gente por allí que no hacía ni la tercera parte de lo que estaba haciendo yo. Así que un día cogí a uno de los mánagers y se lo dije:

—Mira, sé que llevo poco tiempo, pero creo que me merezco un poco más de responsabilidad por todas estas cosas que estoy haciendo.

Y, gracias a eso, me hicieron *coach*. Primero me dieron una especie de curso para saber cómo se hacían las cosas y a lo que tenía que estar atento. Luego ya empecé a trabajar.

Así había resuelto el problema del trabajo, pero no me sentía realizado. No quería que mi vida se quedara estancada en ese lugar. Siempre he creído que hay algo más, que hay que encontrar ese algo que te apasiona. Supongo que me viene del entrenamiento en el deporte, pero siempre he sido un poco así, he tenido esa inquietud constante. Y allí, sí, tenía una situación estable, pero no me sentía realizado. Además, las cosas estaban volviéndose a poner en marcha y encontré trabajo en otra gasolinera. Así que me fui. No me gustaba tampoco mucho aquello. El respeto que yo sentía siendo portero no lo sentía allí ni muchísimo menos.

Esto es algo curioso. La gente que por la noche te trata mal, te insulta, son duros..., pero la inmensa mayoría de la gente respeta lo que dices, te trata con educación y reconoce tu trabajo. Incluso el que no lo hace la lía contra una autoridad que tú tienes. En la gasolinera era al revés. Era invisible. Había veces en las que ayudaba a alguien con algo, con lo que fuera, y no es que no me dieran las gracias, es que ni me miraban a la cara. Esas humillaciones me daban muchísima rabia. ¿Quién se creían que eran para tratar así a una persona que está trabajando en algo que, además, necesitan? Así que dejé también la gasolinera. Mi plan era cobrar el paro y empezar a echar manos en una discoteca en Aranjuez. Con eso, más o menos, tenía la vida cubierta.

Durante ese periodo de tiempo, también trabajé con gente del mundo de la noche en lo que se llamaba el Mad Beach. Se trataba de la concesión de un espacio del Ayuntamiento de Madrid a una empresa privada, y fue un fracaso y una movida importante. Ahí yo estaba de encargado de los auxiliares, de los porteros, vaya. Coordinaba a cuarenta y cinco personas al principio. El primer día les daba una charla. Podemos llamarlo una charla motivacional, pero era para dejar las cosas claras desde el primer momento: «Aquí nadie va a pasarse de la raya, porque no lo vamos a permitir». Esa charla se escuchaba en todo el recinto del evento. Lo hacía todos los días, como un mantra. Había otros compañeros que venían de la noche a los que parecía que les diera rabia que a mí me hubiera tocado esa responsabilidad. Sentían que de pronto yo estaba por encima de ellos. Pero los compañeros que me contrataron lo tenían clarísimo: «Tenéis que hacerle caso a Sergio, porque es nuestra persona de confianza. Si no os gusta, os vais». Eso hay quien lo soporta y hay quien no puede llevarlo. No eran buenos trabajadores y, por tanto, eran también malos porteros. No soportaban que nadie les dijera lo que tenían que hacer y cómo tenían que trabajar. Ese tipo de gente es la que tiende a usar la mano lo primero. Sueltan un golpe antes de nada. Y eso es un fracaso. Provocar una pelea es un fracaso. Nuestro trabajo es detenerlas, no empezarlas.

El espectáculo no funcionaba y había mil movidas por el ruido. El recinto estaba en la Casa de Campo, pero muy cerca de casas donde vivía gente, y los vecinos, claro, estaban hasta el gorro. Iba la policía cada dos por tres a medir los decibelios, había denuncias... Salían en los medios de comunicación y todo. Pero lo tremendo es que además no iba ni Dios. Para que eso funcionara, hacía falta tener cada noche como cinco mil personas, y eso no ocurría nunca. Los únicos que llenaron el aforo fueron Morad y DJ Nano con Oro Viejo. Ese día fue bien, pero el resto de los eventos se quedaban al treinta por ciento de la capacidad. De los cuarenta y cinco controladores que había al principio del verano, al final quedábamos tres o cuatro. No hacía falta más. No iba nadie. Es que, aun sin música en directo, ya superaba los decibelios legales. Un desastre, vamos.

Después de ese periodo, me volví a quedar en situación crítica. Y entonces, con las discotecas otra vez en marcha, llamé a Velvet. Vuelta a la noche.

19

Velvet

Al igual que durante muchos años Joy para mí fue una especie de hogar, Velvet también lo ha sido y, en los últimos años, diría que más que eso. A pesar de que no quería volver a trabajar en la noche, regresar a Velvet era volver a un sitio donde tenía muchos amigos y allí también se respetaba y cuidaba nuestro trabajo.

Mi última incorporación fue en torno a enero o febrero de 2022. Antes había estado en esa discoteca de Aranjuez, pero eso no era un realmente un trabajo, sino un complemento. Me gustaría hablar de aquella discoteca un momento, porque siempre se portaron muy bien conmigo. Se llamaba Closer y los dueños eran Jesús y Alberto. Se podría decir que fue un poco como una tercera casa, un refugio cuando he necesitado cualquier cosa. Siempre me han echado manos. Si necesitaban ayuda, siempre me llamaban. Aunque fuera un complemento económico, ellos eran mucho más que eso y no me gustaría dejarlos fuera de este libro. Muchas veces, lo a gusto que estás en los sitios depende más de cómo te tratan que del dinero concreto que ganas, y a mí en Closer siempre me trataron bien.

Yo no quería que mis días se volvieran a organizar en torno a la noche, perder los fines de semana y todo lo que eso significaba. Velvet es una discoteca seria, pero son cientos de personas cada noche. No es algo descansado y tranquilo. Sabes que no vuelves a una dinámica en la que te garantizas que no vas a tener ningún problema. Aquí, tarde o temprano, algo va a pasar. La primera historia que cuento en el libro, aquella en la que me rompieron el bíceps, fue en este periodo de tiempo. La noche no cambia, pero, poco a poco, tú sí. Las cosas que antes te daban igual ahora te cansan más. También en relación con la actitud de la gente. No quieres que te anden tocando las narices. Lo que te apetece es lo contrario: una jornada relajada y sin problemas y, al terminar, a otra cosa.

Pero la realidad es que la vida me había colocado allí y eso era lo que tocaba en ese momento. Mientras trabajaba en la discoteca en Aranjuez, eché yo no sé cuántos currículums, más de quinientos. Ya os he dicho que aquella discoteca era cómoda y tranquila, pero necesitaba algo más. De los más de quinientos currículums que envié, no tuve respuesta de ningún sitio. Cuando no ves posibilidades, empiezas a perder un poco la fe en que vas a conseguir algo que te guste y comienzas a irte a los lugares seguros. Por eso regresé a Velvet. Y aquí sí que es evidente la relación entre esta última decisión vital y empezar con TikTok. Si en enero de 2022 yo no hubiera vuelto a Velvet, no sería «el portero de TikTok».

Yo no soy alguien que crea en el destino. Nunca he pensado que toda mi vida me iba a llevar a este momento, ni mucho menos. Más bien la vida me iba zarandeando de un lugar a otro en la tensión entre lo que yo quería hacer y lo que realmente podía. Así que no, no hay destino en nada de esto. Lo que sí hay es un intento por encontrar cosas mejores, no conformarme con lo que tenía. Buscaba, buscaba y buscaba no solo un sustento, sino también una forma de ser feliz, que mi camino fuera mío, conseguir ser más libre en la medida de lo posible. Para eso no era suficiente con volver a ser portero, sino que hacía falta querer ir más allá. Es muy importante tener ese deseo de mejora, de sacarle el mayor partido a la vida.

En cualquier caso, en el mes de enero no estaba pensando en TikTok. Solo sabía que tenía que trabajar en algo porque no teníamos dinero. Cuando me incorporé a Velvet, al principio yo, que siempre voy en transporte público, iba con el abono de transporte de mi hija porque no tenía dinero. Sin embargo, la vuelta fue estupenda. Era como si no me hubiera ido. Me coloqué en la puerta y, joder, era como si hubiera estado allí mismo el fin de semana anterior, cuando en realidad hacía años que no estaba. Te plantas allí, después de que te has prometido a ti mismo que no volverías nunca más, que esa vida se había acabado. Pero cuando estás ahí, toda la familiaridad y la dinámica del trabajo vuelven y eres como un animal entrenado. Te vuelve todo el instinto, las ganas y la forma de estar y de mirar las cosas. Es inmediato.

Ahí también te das cuenta de que has echado de menos determinadas cosas. La dureza del trabajo, las angustias económicas o los problemas con la gente que viene acaban borrando todas las demás cosas con las que sí estás a gusto y que te hacen sentir bien. Echaba de menos los momentos divertidos con los compañeros, las risas, los comentarios; la camaradería, en realidad. Eso es lo que hace el trabajo soportable: estar con gente que está a lo mismo que tú, a la que terminas cogiendo un cariño y una familiaridad muy chulos. Y Velvet es un sitio donde es fácil estar a gusto. Si en un momento dado quieres irte a tomar un café o a por un bocadillo para cenar, puedes hacerlo sin problemas. Te organizas para cubrir la puerta y ya está. Eso era algo que, por ejemplo, en Joy no nos permitían. En Velvet, el encargado confía en nosotros, nos deja trabajar a gusto. Tanta era la sensación de llegar a un sitio del que no me había ido que, cuando volví, acababan de subir los sueldos e inmediatamente el mío lo equipararon al del resto. Y eso que ellos no tenían ninguna obligación, porque yo no tenía antigüedad, pero se portaron bien. Durante el periodo de la pandemia los trabajadores habían estado cobrando muy poco y era justo que, cuando la cosa volvía a ponerse en marcha, recuperaran un poco de aquello. Pero incluirme a mí en ese acuerdo era también una forma de recordar que allí éramos todos iguales. Hubo un periodo en el que había una figura de jefe de los controladores de acceso, pero esa persona dejó de ir todos los días, así que nos organizábamos por nuestra cuenta. Para esa labor nos íbamos rotando y ya estaba. Teníamos confianza plena los unos en los otros. El que estaba realmente por encima era el encargado de la sala. Ahí sí que había un mando, pero entre nosotros podíamos perfectamente rotar en las responsabilidades básicas, porque todos nos conocíamos el oficio a la perfección, con lo que no había problema.

La noche poscovid era rara, pero enseguida se fue normalizando y, para cuando yo me incorporé, ya era todo bastante parecido a lo que había vivido hasta ese momento. Quizás no exactamente igual, pero desde luego sí muy parecido. Y las obsesiones son las mismas. Estás deseando que termine la noche sin ninguna complicación. Quieres que no ocurra nada. La primera noche no ocurre, pero enseguida vienen los enfrentamientos, porque así es el trabajo. Tú sabes que va a pasar tarde o temprano. Yo no viví el periodo raro del puro covid, donde el control de aforos era tremendo y se tomaba hasta la temperatura en la puerta. Pero sí que teníamos que estar con mascarilla en la puerta y en los reservados. Si alguien se iba a un reservado, tenía que ponérsela y nosotros también teníamos una función más aparte de controlar las potenciales fuentes de líos y conflicto: vigilar si la gente estaba cumpliendo con las mascarillas o no. Yo creo que las estuvimos llevando prácticamente hasta abril o mayo de 2022.

Así que eso era. La historia podría acabar aquí. Me pasaron todas esas cosas en mi vida, dejé el colegio, tuve cuatro hijos, fui *strongman,* viví algunas aventuras en distintas discotecas de Madrid, tengo un loro y me gusta el gimnasio. Con eso ya estaría contada mi vida. Supongo que habría sido lo normal en estos casos. Esa era la vida que, más o menos, cabría esperar de mí. Pero algo cambió.

Mi hijo llevaba ya un tiempo intentando que me hiciera una cuenta en TikTok. Como ya dije, él trabaja en esto, sabe de *marketing* digital. Él me insistía y Laura también me decía que creía que me podría ir bien contar las cosas que me pasaban en el trabajo. Me decían: «Cuenta las experiencias, que te va a ir bien». No es algo que hiciera mi hijo de pronto. Estuvo meses intentando convencerme. Veía algo en mí, supongo. Pero yo me decía que lo que veía no era más que a su padre. Todos los hijos quieren a sus padres y creen que pueden ser los mejores en algo, o en todo, en lo que se propongan. Yo, sin embargo, no lo tenía nada claro. No lo veía. Hasta ese momento, tenía una cuenta de Instagram con setenta seguidores. Era una cuenta casi más para la familia, los amigos y la gente a la que igual le gustaba el *strongman*, muy poquito más.

Supongo que, fruto de la insistencia de mi hijo y también por curiosidad, decidí bajarme TikTok. Mi vida estaba a punto de cambiar por completo y yo no era consciente de nada.

20

A las puertas del portero de TikTok

Estábamos en abril, quizás mayo de 2022. Ya estaba usando TikTok, pero estaba muy lejos de los resultados que empezaría a tener muy muy pronto. Los vídeos que subía no tenían mucha repercusión. El más visto estaría en torno a las catorce o quince mil reproducciones. Eran vídeos del *strongman,* de las pruebas que había hecho años atrás. Algo que me parecía que podía ser interesante o atractivo, pero que no me obligaba a hablar delante de la cámara, que me daba muchísima vergüenza en ese momento.

Unas semanas antes había tenido la pelea en la que me rompieron el bíceps y un día decidí hablar de eso. Me parecía que era una manera de explicar lo sucedido, de ser un poco pedagógico; de ayudar, vaya. Y también era una forma de reconocer nuestro trabajo. Era la primera vez que tenía esa necesidad o esa sensación de que debía contar algo, de que podía contarlo en primera persona, que era importante y que, no sé, me sentía cómodo haciéndolo. Así que cogí el informe médico, lo puse de fondo de pantalla y me puse a explicar lo sucedido. Explicaba lo que había pasado y cómo me había sentido. Me daba una vergüenza espectacular. Me sentía idiota, ridículo, hablándole a la nada. No estaba en la calle, no era como los vídeos que he hecho después en la puerta de Velvet. Esto era en la cocina de mi casa. Por supuesto, me grababa solo. No quería que nadie me viera hacerlo porque, si no, sabía que no iba a poder; la vergüenza me iba a ganar. No sé cuántas veces lo repetí, lo borré y lo repetí de nuevo. Lo menos treinta. El nivel de producción era diminuto, una cosa enana. Estaba yo solo y ya. Eso era lo que había. Supongo que salió natural, que esos miedos y esa vergüenza que yo sentía no se notaban en el vídeo. Supongo que una parte de lo que pasa con mis vídeos es que consiguen transmitir algo de verdad, de honestidad. No sé explicarlo y tampoco me gusta mucho darle vueltas. En esos primeros momentos, me sale como me sale y parece que funciona.

Total, que lo lancé a ver qué pasaba. Estaba un poco nervioso por la vergüenza de verme ahí, pero no estaba preocupado ni esperaba nada. No había expectativa. Ahora puedo mirar más los números o vigilar más esas cosas, pero en ese momento no tenía ni idea. Ahora, cuando lo pienso, me parece un poco loco que «ese momento» sea hace menos de un año; todo ha cambiado tanto en un año que se me hace como lejano. De pronto el vídeo había alcanzado las cincuenta mil reproducciones. No me lo podía creer. No lo procesaba. Si lo pensaba en términos físicos me quedaba aún más sorprendido. «La mitad del Bernabéu ha entrado a ver mi vídeo», recuerdo que es un pensamiento que tenía en esos momentos. La realidad se separa de tus pies. Esa cantidad de visualizaciones parece que está sucediendo en otro lugar, un sitio que no existe, al que en realidad no tienes acceso, que llega como por magia hasta tu contador.

Con las visitas empecé a recibir también la correspondiente dosis de odio. Empezaron a aparecer comentarios del tipo «Te tendrían que haber dado más», «Te han dado por chulo», «Pocas te han caído», etcétera. Era como si, en medio de esa sensación de irrealidad, de euforia, llegara una mano a darte golpes, a agarrarte y a decirte cosas lo más desagradables posible. Al principio eso te coge y te puede llegar a hacer mucho daño. Te puedes ver atrapado por esos comentarios, que te duelan de una forma que se te meta en la cabeza y sustituyan todo lo bueno que te está pasando. Afortunadamente, tenía cerca a mi hijo y a mi pareja, la gente que te conoce, te quiere y te devuelve a la realidad. También vas aprendiendo cómo gestionar ese odio, colocarlo en su sitio, darle la importancia justa y, a veces, por qué no, pincharlo un poco.

A base de la confianza que te van dando los demás, vas sintiendo que tienes la posibilidad de hacer cosas mejores, más curradas, más de continuo y también a relativizar ese tipo de ataques como una parte inevitable de tener éxito y visibilidad. No es a esa gente a la que toca convencer de que lo que hacemos los porteros tiene una importancia, de que hay que saber comportarse, etcétera. Hay quien viene ya convencido de casa para absolutamente todo. Con esas mentes cerradas no puedes hacer mucho. Os lo digo, es mejor ignorarlas o pincharlas un poquito por tu propia diversión. Si te sientes con fuerzas para entrar un poco en ese juego, claro. Si no, pasando. Es lo mejor que puedes hacer.

En total he hecho doscientos sesenta vídeos. A través de la producción y de la constancia vas entendiendo lo que gusta más y lo que gusta menos. Los propios vídeos te van orientando hacia lo que se mueve más o lo que, de pronto, funciona algo peor. Y también tiras de intuición. En realidad, es sencillo. Si ves que un tipo de vídeo ha gustado, sigues haciendo de ese estilo o buscas hacer series, buscas la forma de continuarlo.

En esos primeros momentos, hacía todos los días un par de vídeos. Uno al día como mínimo sí o sí. Normalmente tiraba de humor, porque vi también que ese tono ligero, desenfadado, como de broma, funciona mejor, atrae más a la gente y sirve para que el mensaje que quieres transmitir llegue de una manera más clara. Hay otras veces en las que, evidentemente, es mejor tomártelo en serio, pero si no se trata de algo específico que requiera de más seriedad, siempre tiro de humor. Cuando digo de humor, me refiero a que hay vídeos de los primeros en los que he llegado a disfrazarme por hacer la gracia. A veces, por ejemplo, como los hacía aún en casa, me disfrazaba de chica, con una peluca y unas mallas deportivas, para explicar alguna situación de las que vivía en la discoteca. Esa era un poco la dinámica. Como os decía, siempre desde casa y siempre grabando yo.

El primer gran vídeo viral que hice es el de los pinchazos. Llevaba ya unos cuantos vídeos que estaban funcionando bien, se había ido generando un poco de comunidad a mi alrededor, pero lo que estaba trabajando sobre todo era el humor. Como la cosa funcionaba, empecé a pensar que quizás podía hacer algo bueno, ayudar a alguien. No sé. Me hacía ilusión pensarlo también, que sirviera para algo útil. Entonces empecé a pensar cómo hacer que las chicas salieran seguras de la discoteca, acordándome del caso de la agresión sexual que ya os he contado y de alguna otra cosa que me ha tocado vivir. Siempre te cuentan historias así o atiendes situaciones de este tipo. Así que pensé que igual podía ser útil en ese sentido. Empecé a buscar noticias por internet y llegué a un periódico londinense en el que hablaban de la sumisión química y del tema de los pinchazos en las discotecas. Eran casos europeos, pero, según lo vi, pensé que eso era algo que podría perfectamente llegar a España. Todas las cosas que pasan fuera terminan por llegar aquí de alguna manera, así que decidí hacer un vídeo sobre este tema más en clave informativa y de prevención. Lo que quería contar era: «Mira, esto está pasando aquí, hay que tener cuidado cuando estéis en la discoteca, chicas». Algo sencillo, claro, que se entendiera bien. De hecho, al poco tiempo empezó a llegar, empezó a pasar y se empezaron a hacer eco desde diferentes sitios con vídeos similares. Lo que pasa es que el primero que había investigado un poco el tema fui yo, por lo que el vídeo cogió una viralidad enorme. Una cosa increíble, como yo no había visto nunca antes.

Cuando digo que cogió viralidad, me refiero a que, por ejemplo, se hablaba de ello en la televisión. Saltó de las redes a la tele, y allí me mencionaban como «el portero de TikTok». Salía la cuenta y el vídeo, así que la identidad que yo estaba construyendo, claro, creció muchísimo. Lo comentó un abogado en el programa de Ana Rosa y también salió en un programa de La Sexta.

De pronto te hace mucha ilusión, porque ves que sirve para algo, que estás ahí produciendo algo que está llegando a la gente. ¡Que sale en la televisión! Y no era un vídeo además que estuviera pensado para ser viral. No tenía ninguno de los elementos que te hacen pensar: «Esto va a funcionar», sino que simplemente estaba intentando hacer algo un poco más de servicio, no sé cómo explicarlo. No pretendía que fuera viral, sino que sirviera para algo. Era estupendo que la mayor cantidad posible de gente supiera estas cosas, porque también así todos estarían más atentos y habría más precaución.

Ese es el vídeo que realmente levantó la cuenta, que la llevó a otro nivel. Tuve mucha más repercusión y se sumó muchísima gente. Igual en ese momento saqué cuarenta mil o cincuenta mil seguidores, una subida tremenda. No llegaba todavía a los cien mil, pero ya estaba en ese camino. Estaba, por decirlo de alguna manera, en esa liga. Me empezaron a seguir muchas mujeres en ese momento. Luego, por los contenidos que manejo yo, eso se ha ido matizando y ahora me siguen más hombres, pero al principio la «audiencia», o esa comunidad, era más de mujeres.

Aun así, por entonces seguía haciéndolo en casa. El objetivo era sentirme lo bastante fuerte como para empezar a grabar vídeos en la calle.

En ese momento, cuando ya estaba creciendo mucho, pero todavía no había llegado a las cifras que tendría no muchísimo tiempo después, le mandé un mensaje a mi familia contando lo que estaba haciendo. Lo tengo guardado:

—Me voy a hacer viral con el TikTok —decía yo.

—Lo que tienes que hacer es trabajar más, que eso no te lleva a ningún sitio —dijo mi padre.

Una reacción normal, cariñosa y preocupada, no muy distinta a la que quizás habría tenido yo de no ser por mi hijo. Era cierto que solo con la discoteca no llegaba a fin de mes, pero yo había empezado a desarrollar una confianza en lo que estaba haciendo y la respuesta de la gente me había convencido de que aquello iba a ir para arriba y que tenía que darle más peso en mi vida, más importancia. Es normal que gente más mayor no lo entienda, porque no lo están viendo. Mi hijo entró inmediatamente a defender lo que estaba haciendo.

—Papá va a triunfar en esto —dijo.

Parecía que un trabajo que no era físico, manual, sino que consistía en estar ahí haciendo *nosesabequé,* no servía. Yo quería demostrar que se pueden hacer cosas también con la inteligencia, si tienes suerte. Porque si tienes suerte, llegas hasta un punto. Pero, luego, seguir ahí tiene más que ver contigo mismo que con la suerte. Recuerdo que hice una captura de pantalla del mensaje para recordarme a mí mismo que la confianza estaba de mi lado. Ahora es muy diferente. Ahora mi padre al TikTok lo llama *trabajar.* Ve que no todo es pico y pala. Se mete en mis *lives,* en los directos que hago, para mirar lo que hago y mi hijo le está enseñando. Esa es otra historia ahora, que los nietos enseñan a los abuelos. Yo no estaría aquí sin mi hijo. Fue él quien lo vio claro desde el principio.

Y yo me sentía preparado. El siguiente paso era evidente. Tenía que empezar a grabarme en la calle, en la puerta de la discoteca.

21

El portero de TikTok ha llegado

Uno de mis éxitos en la puerta de la discoteca es el vídeo del DNI. Es un vídeo muy sencillo. Un grupo de chavales de unos veinticinco años más o menos viene a la discoteca, van pasando y me entregan sus DNI. El último me lo da y me quedo mirándolo, sopesando la situación. Pasan los segundos sin que yo haga nada y la tensión crece. Finalmente digo: «Venga, pasa». Los colegas del chico se ponen a celebrarlo. Eso es todo. Tres millones de reproducciones. A día de hoy, todavía no termino de creerme ese tipo de éxito con algo tan simple.

Ya no estoy en casa, he dado ese paso y está funcionando bien. De hecho, está funcionando mucho mejor que los vídeos que hacía en casa. Voy a Velvet y le pregunto al encargado si le parece bien que haga algún vídeo antes de abrir. No me pone ningún problema. A partir de ahí se convierte en el método de trabajo. Quedo con la gente una hora o así antes de que abran y se hace el vídeo. El del DNI, sin embargo, no nació así, sino por casualidad. Los chavales vinieron a pedirme que me hiciera un *selfie* con ellos. Además de eso, se me ocurrió la idea de meterlos en este vídeo. El encargado de Velvet es muy majo y me dijo: «Mira, esta es tu casa, haz lo que quieras». Así da gusto y, además, eso anima a seguir. Supongo que ese vídeo funciona tan bien porque juega con una experiencia que es reconocible para muchísimos chavales en muchos sitios. Es algo que nos ha pasado a todos: el miedo a no entrar, la tensión del sí o el no y, finalmente, conseguirlo. No había que imaginar nada, simplemente representarlo tal cual.

Antes de eso ya había empezado con los vídeos de GTA San Velvet. Son una serie de colaboraciones que hago con la gente de Team Coco. Aquellos son vídeos un poco más elaborados. Con Iván, el de Coco, jugamos mucho a inventarnos historias. Iván es el que sale en los vídeos y Lucas es otro chico del Team, que es el que graba. Ahí hago un poco de portero bruto que siempre anda pillando al típico listo que quiere entrar en la discoteca. En uno, por ejemplo, intenta colar una lata de bebida, que es la que está patrocinando el canal de Team Coco. Hacemos esos cruces para ganar visibilidad también, que se junten nuestras comunidades. A mí me divierte mucho. De pronto tienes una especie de red de gente con la que colaboras, no es un trabajo solitario. Son vídeos de broma, claro. De humor sencillo.

Con Team Coco la relación empezó porque ellos se pusieron en contacto conmigo cuando yo estaba por los dieciocho mil seguidores. Me propusieron una colaboración y yo les dije que encantado, siempre y cuando no quedara mal la imagen del portero. Son dos chavales de diecinueve o veinte años, no más. Son muy majos y los considero una parte muy importante de mi éxito, porque las colaboraciones con ellos me abren a una audiencia mucho más joven. Se produce ahí una especie de toma y daca, lo que decía antes del juego, y nos empezamos a nutrir mutuamente. Se acerca gente de doce, trece, catorce años a los que les gusta la serie de vídeos que hacemos. La relación es tan buena que hemos llegado a hacer quedadas con nuestros fans.

Esas quedadas con fans fueron el primer momento en el que me sentí famoso. Era una sensación muy rara, pero también muy gratificante, que me gustó mucho. Hicimos la quedada en Aranjuez y vinieron muchos chicos y chicas pequeños a que les firmáramos autógrafos y a hacerse fotos con nosotros. Serían…, no sé, ochenta o cien chavales que venían con sus familias. Estas cosas las haces también con mucho cariño por esa gente que te acompaña, por cuidar a la comunidad que tienes. Es como una oportunidad inesperada. Del encuentro también hicimos un vídeo, claro. Ahí vas cogiendo ya un ritmo y una costumbre en la que tu vida misma va entrando en los vídeos, como lo que conté hace algunos capítulos sobre Bouncer, el perro que tenemos en acogida.

Yo la fama la mido en el tramo que sube desde la Gran Vía madrileña hasta Velvet. Para mí la fama es que, cuando me voy acercando a la discoteca a trabajar, venga gente a pedirme *selfies,* firmas, cosas así. «¡Sergio, hazte una foto!» «¡Sergio, una foto!» La fama hace que en ese trayecto de tres minutos tarde quince. Y me hace muchísima ilusión.

Cuando la cuenta empezó a despuntar y noté ya esa sensación de fama fuerte, decidí que no tenía por qué hacer contenido vacío, que mis vídeos podían ir de lo menos importante a lo más esencial. Podía ayudar a los porteros y a la profesión, pero también a los chavales. A veces en cosas muy básicas: hay gente que no sabe que no se puede entrar en una discoteca con ropa deportiva. Un pantalón de chándal o una sudadera te sacan de la discoteca directamente y eso hay gente que no lo sabe. Es algo que intento explicar, pero también hago vídeos de concienciación con respecto al alcohol o con las drogas, promoviendo que la gente no consuma. Ahí también hablas de temas más serios y te metes en algunos charcos, cosas que abren debates. Hice uno para que la gente no consumiera porros y hubo mucha polémica, porque los consumen muchas personas. Entraron muchos comentarios para defender el THC. A ver, no es que fuera un vídeo contra los porros, pero sí quería avisar de que con los porros no te puedes pasar.

Entonces empezaban a llamarme hipócrita porque dentro de la discoteca se vendía alcohol. De pronto, notabas que la gente te hablaba como si tú fueras el dueño de España o tuvieras algo que decir en cómo se organiza la discoteca en la que trabajas. O se dirigían a ti en plural como si yo no fuera yo, sino un grupo entero de personas: «Es que vosotros...». Pero, vamos a ver, ¿cómo que «nosotros»? Estoy yo solo aquí en este vídeo.

Ahora es más difícil, pero antes respondía todos los comentarios. A veces hasta setecientos comentarios. Es mi cuenta; si yo creo que a los chavales algo no les viene bien, pues lo digo, no tiene más historia. Y si afecta al derecho de admisión, pues me parece importante contarlo. Tengo que reconocer que no me esperaba tantísima reacción.

Al principio esas cosas me afectaban más, era más duro para mí leer las críticas, o más bien las generalizaciones, los insultos, que me hablaran con demasiada familiaridad, asumiendo cosas de mí que no tenían nada que ver con la realidad. También es cierto que intento cuidar a la gente maja que está ahí siguiéndome. Por eso respondo a los comentarios, porque siento que es mi comunidad y muchos de ellos salen a defenderme.

Y así, poco a poco, fui cuidando los vídeos. Fui captando cómo funcionaba para que la gente me entendiera. Empecé a pensar en el otro para averiguar cómo llegarle mejor o cómo explicar algo más claro o más divertido. Al principio hacía los vídeos desde mi posición, desde cómo lo veía yo. Pero ir haciendo más y más vídeos me abrió también un poco a ver de qué forma podía llegar a más gente. Intento hacer los vídeos con inteligencia también. Hay cosas que he vivido que no se van a viralizar y les doy menos peso. Lo normal es que piense en cosas que puedan llegar al corazón de la gente. Busco también una música que pueda ayudar. Lo voy envolviendo un poco. Por ejemplo, el vídeo en el que cuento la historia del apuñalamiento al chico al que salvé la vida, lo reproduzco con cabeza. No hablo, simplemente salgo con el chico en brazos. Ya está el refuerzo de la música. Se van volviendo pequeñas películas muy modestas. Vas poco a poco construyendo algo más dramatizado. Ese del apuñalamiento, por cierto, también lo hice con Team Coco.

También descubres que tienes que trabajar el contenido, porque el algoritmo es una trituradora. Es una máquina muy chunga que te demanda todo el rato cosas nuevas que funcionen y no siempre te premia. Si sigues arriba va muy bien, pero, a la que tienes un número de vídeos en el que las reproducciones bajan un poco, empiezas a desaparecer. Y si desapareces, no te recuperas. Entonces conviertes tu cuenta en contar cosas que enganchen más. Hago series, con sus capítulos, y eso va generando la expectación de cuándo va a salir el próximo. Vas abriendo la historia. Es un mecanismo un poco chungo con el que también hay que tener cuidado. La propia red social no te muestra siempre. A mí me han llegado a decir: «Desde que te sigo, me salen menos vídeos tuyos». Como están siempre buscando la novedad viral, a la que te estabilizas, te puedes encontrar en un problema. Es una búsqueda constante. Por ejemplo, antes subía el vídeo a Instagram con la marca de agua de TikTok. Un chavalito me aconsejó que quitara la marca de agua. En dos semanas, tenía cien mil seguidores en Instagram. Son cosas que vas aprendiendo.

Ahí también notas que se genera un fenómeno, que va más allá de uno mismo o que viene provocado por tu propio éxito, que hace que otra gente se anime. Aparecen otras cuentas de porteros que hacen contenidos similares. Yo no lo llevo mal, porque es inevitable, pero sí que intento mantener lo que hace más personal mi contenido, las cosas que solo puedo contar yo. Yo tampoco fui el primer portero en tener TikTok y hacer vídeos. Esos son procesos naturales cuando un fenómeno estalla.

Otra cosa que empieza con el fenómeno son las *promos* y las colaboraciones con gente más famosa. Por ejemplo, está el tema de la publicidad *online.* Ahí cuido muchísimo lo que hago, porque insisto en que son muchos chavales los que me siguen y sé que les puedo condicionar. Por ejemplo, no hago publicidad de casas de apuestas y juegos de azar. A eso digo que no. En general, hago poquísima publicidad *online.* Solamente doy publicidad a unos chavales que hacen modificaciones de relojes Casio, ya ves. Y el motivo no es económico; es que me recuerdan a mí cuando era chaval y las ganas que tenía que comerme el mundo. Esas cosas sí las apoyo.

También empecé a hacer una colaboración para promocionar la lectura de libros. Por ejemplo, he llegado a hacer promoción de lectura usando un libro de Pérez Reverte. Cuando luego ves que una persona a la que sigues y admiras ha movido tu vídeo hablando de su libro, es algo que te cuesta creer del todo, porque tú sigues siendo tú mismo, con toda tu vida a la espalda, con tus inseguridades o con tus miedos o lo que sea, y jamás en tu vida imaginaste que tú y un escritor superimportante y superconocido ibáis a tener algo en común. Eso impresiona, pero a la vez te hace sentir muy bien. Además, hacer una colaboración que busca que los chavales lean más me parece una cosa estupenda.

Otra vez me pasó algo muy loco con Chanel. Fue un día en el que había un evento de TVE en Gran Vía y el *catering* se hizo en Velvet. Era un martes. Llegué allí y vi que había un despliegue enorme para gente muy conocida. En ese momento justo vino Chanel, que pasó entre otras muchas personas famosas. Era justo la época de Eurovisión del año pasado y Chanel estaba en el momento de mayor visibilidad. Al verla pensé: «Tengo que hacer un vídeo con ella». Por eso os decía que, a fuerza de ir generando interés e historias, se te agudiza el ingenio. Al salir, después del *catering*, le dije:

—Chanel, ¿tienes un minutito?

Me daba muchísima vergüenza, pero también vas aprendiendo a controlar esos nervios y a lanzarte. La cuenta en ese momento ya era muy conocida y yo me sentía mucho más seguro. Eso sí, el mánager de Chanel no sabía quién era yo, porque, cuando ella se paró para saber qué quería, inmediatamente empezó a decir: «Un minuto y ya» metiendo prisa. Le estaba explicando qué era lo que yo hacía cuando apareció un grupo de chavales, como de quince o dieciséis años, que venían a verme y a hacerse fotos conmigo. Ella se quedó alucinada. Me preguntó quién era yo y le expliqué que hacía vídeos con contenido de humor y de concienciación. Se hizo el vídeo conmigo y luego nos etiquetamos en redes, y eso también se movió mucho. Ella entendió muy rápido que yo debía de tener algo de interés para los chavales que andaban a mi alrededor y fue muy maja. Enseguida accedió.

Desde hace ya unos meses soy relaciones públicas de la discoteca. Es otra de las cosas que me han venido gracias a la cuenta de TikTok y a este éxito. Desde el principio me preguntaban dónde trabajaba y yo empecé a decirlo, pero también negociaba con la discoteca. Recuerdo que me dijeron: «Si llegas a cincuenta mil seguidores, te hacemos relaciones públicas». Tardé apenas quince días en llegar a esa cifra. Lo convertí en un *challenge.* Eso también supuso un plus económico que me venía muy bien. Porque una cosa que yo creo que la gente no sabe es que, si bien la cuenta de TikTok te da dinero, no es ni mucho menos lo que tienen en la cabeza. Ahora mismo es un salario. En el mes de octubre conseguí doscientos setenta millones de reproducciones y cobré mil seiscientos euros. La gente que se forra con esto está haciendo promociones, publicidad encubierta. Yo eso no lo voy a hacer, porque no creo que lo merezca la gente que me sigue. Es un salario. Está estupendo, estoy contento, pero es solo eso, un salario. No hay por qué volverse loco. Además, yo no quiero dejar Velvet.

Ahora, por primera vez en mucho tiempo, estoy a gusto. Me gusta mi vida y me gusta mi trabajo. No siempre he podido decir eso.

Despedida

El cincuenta por ciento de la gente que me sigue son españoles. El resto son, sobre todo, latinoamericanos. El ochenta por ciento son hombres, y el veinte por ciento, mujeres. Un sesenta por ciento tiene entre dieciséis y veinticuatro años, otro dieciocho por ciento tiene entre veinticuatro y treinta y seis, y luego la edad va bajando. Los sitios donde más me siguen son Madrid, Barcelona, Bogotá y México. A día de hoy, me sigue un millón de personas. Esa es mi gente. Gracias a ellos existe este libro.

Los líos en la discoteca han bajado. No es que los líos hayan desaparecido ni mucho menos, pero son menos y no hemos tenido peleas. No sé si tiene que ver totalmente con lo que yo he ido consiguiendo o son rachas, pero quiero pensar que hay algo que sí tiene que ver conmigo. Lo he hablado con los compañeros y lo vemos parecido. Tocamos madera, pero creemos que es así. La gente que viene lo hace también porque yo estoy ahí. Es un treinta por ciento de la gente que llega. Ahora que soy relaciones públicas, puedo saber más o menos lo que supone. Tener visibilidad protege: la gente quiere hacer las cosas bien en el sitio donde está alguien que les cae bien. Te portas mejor en un sitio que sientes que es un poco tuyo.

En cualquier caso, las personas que me importan están contentas. Mi familia está contenta y mis compañeros de trabajo también. Aunque no quieran salir en los vídeos, se animan a hacer de trípode o se ponen a grabarme. Ellos no quieren hacerse virales.

Por primera vez en mucho tiempo tengo una sensación de control sobre lo que hago. Tomo mis propias decisiones, hago un trabajo que me gusta. Hago DOS trabajos que me gustan. Estoy a gusto, feliz. En vez de tener que buscar otra cosa o vivir pensando en los siguientes cinco minutos, me encuentro con que existe eso que se llama *el futuro*. Puedo pensar en el futuro, en qué quiero hacer y en cómo hacerlo. Lo curioso es que, ahora que tengo esa posibilidad, me he reconciliado con el presente, quiero vivirlo: vivir lo que está pasando sin angustias y trabajando cada día. Quiero seguir creciendo, aportando a la gente información y valores. No hay más plan que ese, pero tampoco hay más urgencia que esa.

Solo quiero vivir el momento, disfrutar. Lo que tenga que venir, que venga. Cuando me llaman para hacer algo, lo pienso y, si creo que puede ser útil, lo hago. El otro día me dijeron unos fans que querían verme en una serie de televisión. Pues puede ser. ¿Quién sabe?

Supongo que eso es lo más importante de todo. Ahora las cosas pueden ser.

Que así sea.

Sergio, el portero de TikTok

Agradecimientos

Con las cosas importantes, he procurado siempre ser conciso e ir al grano. Por eso, no me extenderé aquí: ante todo, quiero dar las gracias a mi familia y a mis amigos. No hacen falta nombres, vosotros sabéis quiénes sois: gracias por haber estado en los peores y en los mejores momentos de mi vida, siempre acompañándome, ayudándome cuando lo he necesitado y ahora, también, viviendo mi éxito como si fuera vuestro. Gracias.